Alma Gentil
R•A•Í•Z•E•S

Copyright do texto © 2010 Álvaro Alves de Faria
Copyright da edição © 2010 Escrituras Editora

Todos os direitos desta edição reservados à
Escrituras Editora e Distribuidora de Livros Ltda.
Rua Maestro Callia, 123 – Vila Mariana – São Paulo, SP – 04012-100
Tel.: (11) 5904-4499 / Fax: (11) 5904-4495
www.escrituras.com.br
escrituras@escrituras.com.br

Diretor editorial
Raimundo Gadelha

Coordenação editorial
Mariana Cardoso

Assistente editorial
Ravi Macario

Revisão
Jonas Pinheiro
Paulo Teixeira

Projeto gráfico e editoração eletrônica
Renan Glaser

Capa
Raimundo Gadelha
Renan Glaser

Impressão
Gráfica Edições Loyola

SINAL DE BOAS PARCERIAS

Dados Internacionais de Catalogação na Publicação (CIP)
(Câmara Brasileira do Livro, SP, Brasil)

Faria, Álvaro Alves de
  Alma gentil: raízes / Álvaro Alves de Faria. –
São Paulo: Escrituras Editora, 2010.

  ISBN 978-85-7531-333-6

  1. Crítica literária 2. Poesia portuguesa
I. Título.

10-06995   CDD-869.1

Índices para catálogo sistemático:
1. Poesia: Literatura portuguesa   869.1

Impresso no Brasil   Obra em conformidade com o Acordo
Printed in Brazil   Ortográfico da Língua Portuguesa

Álvaro Alves de Faria

Alma Gentil
R•A•Í•Z•E•S

Escrituras, 2010

Sumário

Poesia de Portugal 6

Raízes: do ser-para-a-morte
ao ser-feito-de-tempo 9

20 poemas quase líricos e
algumas canções para Coimbra 11

Poemas portugueses 41

Sete anos de pastor 65

A memória do pai 99

Inês 131

O livro de Sophia 155

Este gosto de sal (mar português) 171

Posfácio 229

Sobre o autor 235

POESIA DE PORTUGAL
Álvaro Alves de Faria

Reúno neste livro, *Alma Gentil Raízes,* a poesia que colhi em Portugal, a partir de 1998, quando participei do 3º Encontro Internacional de Poesia, na Universidade de Coimbra, a convite da escritora e professora da Faculdade de Letras da Universidade de Coimbra, Graça Capinha. Decidi, então, deixar de lado este país onde vivo, no qual a poesia não há mais, pelo menos no que diz respeito ao meu entendimento e descontadas algumas exceções, que existem, felizmente.

Repito aqui o que tenho dito nos eventos culturais dos quais participo: nada tenho a ver com a poesia brasileira o que, convenhamos e sinceramente, não exprime significado nenhum, importância qualquer. Recorro a Manuel Bandeira, a um único verso do poema *Testamento,* que escreveu no dia 29 de janeiro de 1943: "Sou um poeta menor, perdoai!".

Ocorre que me levei para Portugal inclusive por questão existenciais e não apenas literárias. Uma viagem para dentro de mim. Aqui estão sete livros publicados no país de meus pais. Sete livros dos quais me orgulho, assim como me orgulho dos livros publicados no Brasil quando eu era ainda um poeta brasileiro, que não sou mais. Continuo poeta, sim, mas em Portugal. No Brasil, não. Minha relação com o Brasil é apenas geográfica e ocasional.

Pertenço à Geração 60 de poetas deste país e, no que diz respeito a São Paulo, de acordo com meu critério de avaliação, formamos um grupo de poetas decentes. Absolutamente decentes. Admito que, a esta altura de minha vida, não tenho mais tempo de devaneios literários. Aliás, nunca tive devaneios literários. Assim, tento suportar-me na medida do possível. A poesia, no entanto, se não morreu, deve estar em algum lugar. No que me diz respeito e ao que me interessa, está em Portugal. Quero apenas viver, mesmo sendo um ex-poeta brasileiro. Viver o que me cabe. Já me é o bastante.

Em 2007, participei, como homenageado, do X Encontro de Poetas Ibero-americanos, em Salamanca, Espanha, nesse ano dedicado ao Brasil. Tive uma antologia lançada no evento, com poemas selecionados e traduzidos pelo poeta peruano-espanhol Alfredo Pérez Alencart, da Faculdade de Direito da Universidade de Salamanca.

No discurso que fiz no Salón de Recepciones del Ayuntamiento de Salamanca, disse o seguinte, juntando alguns trechos: "Eu venho de um país onde a poesia, infelizmente, tornou-se uma coisa rara" /.../ "Sou uma espécie de dissidente da poesia brasileira, pelo menos a que se produz atualmente, descontando as exceções de poetas verdadeiros que têm a poesia como um ofício de vida" /.../ "Talvez essa poesia produzida atualmente no Brasil, sem qualquer sentimento, sem qualquer tipo de emoção, tudo amparado por um jornalismo cultural que muitas vezes chega a ser indecente, seja um dos retratos mais fiéis de meu país. O poema que se nega à própria poesia. No meu país, os poetas – em sua grande maioria – transformaram-se em tecnocratas do poema" /.../ "O Brasil é uma ferida que tenho em mim, que sangra, sangra, sangra, sangra, sangra. Um país que sangra. Sangra dentro de mim"/.../ "Por motivos assim, busquei a poesia em Portugal, para salvar-me na terra de meus pais, onde vivem minhas raízes e talvez os últimos sonhos que ainda tenho para viver em forma de poesia, que é minha respiração" /.../ "Muitas vezes me olho no espelho e me pergunto quem sou. Não sei responder-me, porque na verdade não sei mesmo quem sou, mas sei o que sou. Sou apenas um homem que preferiu a poesia para viver, que preferiu a poesia como ética de vida, que preferiu a poesia para sentir o mundo".

Numa palestra que fiz na Oficina de Poesia da Faculdade de Letras da Universidade de Coimbra, Portugal, dirigida por Graça Capinha, em 2000, e também apresentada em seminário que realizei em Belém, no Instituto de Artes do Pará, a convite do poeta João de Jesus Paes Loureiro, destaquei que "a poesia brasileira, salvo exceções honrosas, está mergulhada numa densa escuridão". Disse também, que "no Brasil, este é um tempo que transforma compositores de música popular em poetas grandiosos. Um deboche". E acrescentei: "Os tecnocratas da poesia no Brasil querem a morte da palavra. Os tecnocratas da poesia querem a morte do poema. Os tecnocratas do poema querem a morte da poesia".

Por tudo isso, sou um ex-poeta brasileiro – o que, repito, não tem nenhum significado prático ou literário – ou um poeta estrangeiro em meu próprio país. Sei que estas afirmações são recebidas com descrédito até mesmo por amigos diletos nesta trajetória poética, neste percurso às vezes doloroso percorrido ao longo dos anos.

Servem-me, como nunca, palavras de José Saramago, numa noite em Lisboa, ao dizer-me que ser um escritor, um poeta, é uma maneira de compreender o mundo, as pessoas, os desencantos, as angústias, os temores, as alegrias possíveis.

É assim que penso. Mas não no Brasil, um país distante de mim. Sou um mau brasileiro? Sou.

Faz algum tempo, escrevi uma frase para mim mesmo: "Sou um brasileiro estrangeiro no Brasil". É exatamente assim que me sinto, especialmente em relação à poesia. Mas esse desencanto também envolve o cidadão que ainda julgo ser.

A poesia deixou de existir diante da mentira, da mentira política, da mentira literária, da mentira dos discursos oficiais, de todas as mentiras que eu, particularmente, não consigo mais suportar. Minha alma – se é que ela existe – está em

Portugal. Equivale dizer minha poesia e minha vida. Mas como eu disse acima, isso não tem significado nenhum, importância qualquer. Absolutamente nenhuma. Acredito, no entanto, que o que vale, mesmo, é que minha decisão me representa o resgate de mim mesmo. Representa minha integridade diante da literatura e especialmente diante da poesia.

Sou mesmo um poeta português, até porque tenho dupla nacionalidade. Minha poesia está em Portugal. Para mim, o Brasil deixou de existir, até que novos ventos soprem por estas paisagens destruídas pelos mentirosos de sempre.

Para concluir, reproduzo trechos de dois poemas de meu livro *Babel*, de 2007, que, na verdade – basta lê-lo com alguma atenção – representa meu rompimento com essa poesia produzida atualmente neste país – salvo algumas exceções, repito – que não aceito mais. Estes versos são meus sentimentos puros:

> Sou um poeta em via de extinção
> daqueles que acreditavam no sonho
> sobretudo na poesia.
>
> Daqueles que utilizam as palavras para escrever
> e nesse exercício solitário deixavam que a vida
> escorresse no poema.

Por fim, quatro versos de um poema do mesmo *Babel* que representam minha verdade em relação ao que me cerca, esta sombra que aos poucos envolve tudo, que destruiu a identidade da literatura poética brasileira:

> Para mim todas as noites são iguais.
> Mas em Portugal é diferente:
> as aves que aqui gorjeiam
> não gorjeiam como lá.

RAÍZES: DO SER-PARA-A-MORTE AO SER-FEITO-DE-TEMPO
Nelly Novaes Coelho

Poeta maior, presença marcante entre as vozes da Geração 60 brasileira (a do "novo épico", que surge nos rastros do Existencialismo), Álvaro Alves de Faria, no limiar deste século XXI e em plena maturidade poética/existencial, assume-se como poeta de Portugal. Em *Inês,* um de seus "livros portugueses", ele diz na abertura: "Sou um poeta brasileiro em busca de mim, equivale a dizer em busca da poesia que encontrei neste país de meus pais. [...] Em Portugal conheci a verdadeira dimensão da poesia".

Como entender tal afirmação, diante da alta poesia que esse poeta paulista vem criando, entre nós, há quase meio século? Jogo de palavras? Brincadeira? Não, em um poeta de sua estirpe. A verdade, porém, é que sua "poesia portuguesa" continua fluindo, de livro para livro, em uma espécie de mergulho no Tempo das origens, em busca de um "porto seguro" para escapar ao seu Destino de "náufrago", tal como ele se descobre em *Sete anos de Pastor:* "náufrago que sou à deriva de mim [...] que me espere a nau no porto". Sua "poesia portuguesa" assume-se "viajante" em busca de um passado que, em essência, seria abertura para o futuro.

Em *A Memória do Pai,* o poeta diz: "Nestas viagens pelos mapas dos navegadores / Portugal é mais que a distância de um oceano pai. [...] Não mais navegarei em mim / com esta caravela que se vai / este poema que morre / no oceano antigo de meu pai." Seria apenas recordação saudosista? Não, em um poeta maior, como aquele que ainda em *Sete anos de pastor,* diz: "Ao povoar o poema / com as imagens de Portugal / faço apenas o caminho de minha volta".

Essa "volta", essa viagem ao "oceano pai", onde a poesia "morre" e se eterniza, só revela sua verdade maior, quando lida através da ótica existencialista (a que ilumina as relações entre Ser e Tempo). Poeta que, desde seus poemas de adolescente, se revelou existencialmente atento ao Instante, num intenso corpo a corpo com o Hoje cotidiano/concreto, onde nossa efêmera vida se cumpre, ao atingir a plenitude poética/existencial, descobre em Portugal, para além das raízes familiares-afetivas, a grandeza das nossas raízes e nelas descobre o poder da poesia, o de eternizar na palavra a voz efêmera do Homem.

Em termos existencialistas (nos rastros de Heidegger), o *ser-para-a-morte* que, angustiado, se fizera ouvir em sua poesia até então, descobre-se agora como um *ser-feito-de-tempo*. Em sua poesia inaugural (*Noturno Maior,* 1963) ele já se sabia inevitavelmente efêmero e, angustiado, buscava no horizonte o princípio. "Ser existência no caos da vida / E permanência no silêncio dos gestos [...] E se estar vivo é isto / Eu quero apenas voltar / Ao ponto de origem." Agora em sua "poesia portuguesa", ele se descobre *eterno*, sua palavra (tal como a de Camões) se lhe revela como Testemunha destes nossos tempos de apocalipses e gêneses.

Como ele diz em *Sete anos de Pastor:* "Só fui ser poeta / quando não tinha mais tempo / e me faltava o ar / quando / todos meus barcos de papel / já tinham afundado." Em plena angústia do sentir-se *ser-para-a-morte*, efêmero, criando "barcos de papel"... de repente, o poeta se descobre *ser-feito-de-tempo*, eterno navegante no "oceano pai" da poesia. Descoberta feita entre dúvidas e perplexidades, que se revela claramente na série "Poemas para a rainha": dezesseis sonetos, de húmus camoniano, nos quais ele dialoga com a poesia, "rainha" do Tempo absoluto, onde "morrem" as palavras, para eternizarem a vida vivida.

"Eis-me por vós em duelo / sem conhecer as armas / e saber que somente morrerei".

"Não me imagino ser o vosso rei / nem de vós quero o dote soberano [...] Não me fazei ausente em vossa casa / nem de vós me façais somente um servo. [...] A mim me basta o que por vós pressinto / e ao me deixar da vida a vós não minto / em vos pedir razão para viver".

Na poesia, mais uma vez, as raízes portuguesas fecundam o húmus poético brasileiro.

20 poemas quase líricos e algumas canções para Coimbra

Coimbra, 1999
(Editora A Mar Arte)

À LAIA DE UM PREFÁCIO
(trechos)

Quando, em junho de 1998, a voz de Álvaro Alves de Faria se calou, após a leitura pública de alguns de seus poemas, esperava-o uma entusiástica ovação daquele que foi o público do 3º Encontro Internacional de Poetas de Coimbra. Amantes da poesia (como nós, membros da Comissão Organizadora, gostamos de lhes chamar) e, sobretudo, muitos de seus pares, entre os quais sobressaíam alguns dos maiores nomes da poesia mundial, aplaudiram-no em pé e ofereciam-nos, nesse brasileiro alto e grisalho, a imagem de uma humildade quase atemorizada que só o verdadeiro talento de grandes poetas ousa. Daqueles que não conheciam a língua portuguesa, ouvia-se "Reconhece-se, de imediato, que ali existe uma voz!", ou "O domínio que ele tem do som! Que ritmo! Que musicalidade!"; e, dentre aqueles que conheciam a língua e que reconheciam as mesmas qualidades, algo que me pareceu particularmente curioso: "Já tinha saudades de um poeta com preocupações sociais e políticas!...".

/.../

20 Poemas quase líricos e algumas canções para Coimbra é uma obra de renascimento: de um renascimento da presença de Coimbra na poesia – agora por meio de um novo olhar, um olhar simultaneamente íntimo e estrangeiro sobre esta cidade – e de um renascimento de um dos lados do "eu" do poeta que parecia vir a ausentar-se, de forma gradual, da sua escrita última – o do gozo das palavras e o de um tom celebratório. O prazer dos sons e dos nomes surge-nos em longas enumerações, quase catálogos adâmicos e whitmanianos, que tudo querem incluir no poema, no espanto e na alegria primeva de uma descoberta, um "descobrimento" que é também o de si próprio.

/.../

O que o leitor encontra nesses poemas é uma imagem de Portugal em uma memória da memória (a do seu pai), uma imaginação de uma imaginação, uma narrativa de uma narrativa.

/.../

Nesses poemas, assistimos à expansão de uma identidade poética em processo, a um sincretismo estrutural de espaços e tempos distintos, a um encontro com a memória em que o passado é presente e o presente se desfaz para recomeçar o processo:

Atravesso a ponte de Santa Clara
como se não atravessasse

e nem tivesse o desejo
de olhar meu rosto nas águas do Mondego.
Atravesso alta noite
a caminhar o lado de meu pai
que morreu há tanto tempo
sem nunca imaginar
que um dia eu estaria aqui,
a ver Coimbra mergulhada
no espelho do rio.
/.../

Há um reencontro com a antiguidade, também a tradição literária (evocada nos próprios nomes de Sá de Miranda, de Torga ou de Camões), que parece tomar posse na voz de Álvaro Alves de Faria, levando-o como em um transe, falando-o ("Sá de Miranda/ a se transformar no tempo/ e no tempo transformado/ se transforma no poema,/ como se fosse o poema/ além do que o poema pode ser."). A imagem de Portugal, que é a imagem cristalizada no tempo que o emigrante transporta e cujos ecos ouvíamos na poesia anterior do poeta, é agora uma imagem que se destrói, um cristal que se parte:

...
na Capela do Sacramento,
onde repousa o olhar
e o gesto quebra o silêncio
como se quebrasse o cristal ausente,
há de seguir-me São João de Almedina
pelos caminhos que não sei,
que nunca hei de saber.

Essa destruição da imagem de Portugal é também a de uma parte de si próprio, que foi finalmente encontrada e que morre, "que se despede para sempre", como podemos ler no poema 11. Mas nessa destruição reside a possibilidade de nova criação, de um novo recomeço da linguagem de uma identidade em processo. É esse processo, esse presente permanente do futuro a construir-se, que as palavras têm de acompanhar, como exigiam já os modernistas na viragem do século./.../

Graça Capinha
Faculdade de Letras e Centro de Estudos Sociais
Universidade de Coimbra
janeiro de 1999

1.

Atravesso a ponte de Santa Clara
como se não atravessasse
e nem tivesse o desejo
de olhar o meu rosto
nas águas do Mondego.
Atravesso alta noite
a caminhar ao lado de meu pai
que morreu há tanto tempo
sem nunca imaginar
que um dia eu estaria aqui,
a ver Coimbra mergulhada
no espelho do rio.

Tenho sapatos antigos,
não sei como explicar os passos,
as sombras serão sempre inexplicáveis.
As mulheres que passam por mim
nunca mais me verão
assim a atravessar a ponte de Santa Clara,
nem a elas verei com olhar distante,
nem delas terei um gesto,
desses que se perdem na memória.

2.

Penso como se este instante não existisse,
a larga aba do chapéu que não tenho.
Penso como se não pensasse,
porque pensamento não há,
nem persiste.
Debaixo do Arco de Almedina
vejo as pombas a dormir
como se não fossem pombas,
mas pássaros enormes feito anjos
destas igrejas de outros séculos,
onde as pessoas conversam
e se buscam por dentro,
nas pedras dos templos,
nas bocas dos sacerdotes.

Penso também na tarde junto às casas,
vitrais com cavalos brancos,
este cheiro de altares antigos,
deuses que escapam para a vida.
Penso como se assim não fosse,
como se nada houvesse para acontecer,
porque nada há para acontecer.

Os degraus da Sé Velha marcam os passos
de sempre voltar ao que não é,
a rua que se perde,
estas portas para o copo de vinho,
uvas caladas em cachos úmidos,
roupas nas janelas cobrindo os azulejos,
a mulher sentada à porta
na rua de São Cristóvão.
Ela pensa em si como se voasse,
ave noturna que se precipita
entre os telhados.

3.

Leio teus poetas
em cafés imaginários,
poemas imaginários
no café dos teus poetas.
Leio a poesia que não se lê
nas tabuletas destes bares,
esta guitarra que alguém toca no Adro de Baixo,
o poema que ouço
na louça de teus becos,
pincéis invisíveis,
tuas escadas,
degraus que não terminam.
Permaneço em mim no Largo do Poço
e observo as mulheres de negro
que não caminham em mim,
mas terminam em mim,
como se concluem os rios,

esta voz que canta não sei onde,
quase lamento não sei de quê.

Leio teus poetas nos cafés,
olho olhares nos cafés de teus poetas,
teus livros antigos,
guardo pressentimentos
na rua do Almoxarife
e na noite imaginária
ouço teus poetas nos cafés
destas praças, destes becos,
os cafés de teus poetas,
a poesia que me cala e me comove
a torre da igreja de São Bartolomeu,
velai por mim aqui sem saber no Beco das Cruzes,
alcançai essa poesia dos cafés de teus poetas,
teus poetas mais tristes,
como tristes nunca vi.

4.

De onde vejo Coimbra
não consigo ver-me,
nunca me verei
de onde vejo Coimbra.
De onde vejo os telhados escuros
não poderei ver-me,
nunca me verei
de onde vejo tudo
que não vejo.
De onde vejo o rio
não posso ver-me
náufrago de mim,
que me peço a buscar-me.
De onde vejo Coimbra
não hei de ver-me nunca,
não há espelho senão as águas,
os olhos brancos das videiras.

Os passos distantes de Camões
ainda percorrem estas paredes,
ainda andam por estas salas,
ainda atravessam os pátios,
o fidalgo Camões ainda vive
nos azulejos e nos vidros e nos poemas,
em todos os poetas que quero ver,
todos os outros que tenho o nome
no bolso do meu paletó,
todos os outros que cantaram
e choraram às vezes
quando cantar não podiam,
todos os outros que quero descobrir,
todos os outros que não sei,
todos os outros que partiram de si.
Esperam-me barcos passageiros,
feitos de palavras num oceano de chuvas,
esperam-me os copos de vinho,
como se a mim saudassem,
como se eu estivesse a chegar não se de onde,
como se sempre houvesse uma festa
a comemorar pressentimentos.
De onde vejo Coimbra
não é possível ver-me,
nem é possível imaginar-me,
nem é possível agarrar-me às grades
que cercam a liberdade das palavras.
De onde vejo Coimbra
não posso ver-me,
porque morrem em mim os largos mais antigos,
calam em mim pássaros que não se percebem,
voam em mim os santos de pedra
que sofrem nos altares.

5.

Mergulhada no rio,
a noite de Coimbra
é mais noite
que outras noites que não conheci.

Não conheci noites mais claras,
assim como se fosse o nascer do dia,
a mostrar a tez de Coimbra,
como se a um prato de porcelana mostrasse,
daqueles que homens tristes
vendem ao pé das escadas.
Não são homens tristes
como penso,
são homens apenas,
que viveram o tempo necessário
e agora cultivam o sol
e o frio de fevereiro,
esses homens
que ao pé das escadas
me oferecem pratos de porcelana
com os traços de Coimbra em azul.

6.

No fim da rua da Estrela
a noite é mais funda.
Do fim da rua da Estrela
vê-se o rio Mondego,
como se fosse um braço de mar,
oceano de escamas
que daqui de cima brilha,
azulejo esquecido
que escorre lento no tempo.
Telhados antigos cobrem ausências,
como se assim fosse esta cidade
de janelas perdidas,
como se assim fosse esta cidade
de pequenas portas de silêncio,
como se assim fosse esta cidade
de rostos apagados nas molduras,
como se assim fosse.

O rio divide as pessoas,
a parte que vai,

a parte que volta,
a parte que fica,
e essa parte que não existe,
assim parada no seu tempo,
a própria memória desfeita.

Há dias em que todas as pessoas são iguais,
todos os rostos se parecem,
todas as mulheres têm o mesmo olhar,
como se assim pudesse ser.
Mas em Coimbra não é assim,
porque não sei,
mas não é.
Em Coimbra é muito mais,
como se não fosse,
como se tudo passasse a não existir
e ao mesmo tempo existisse
e permanecesse na pele,
na pouca palavra,
na viva paisagem,
como se não estivesse,
como se não.

7.

O que guardo na memória
não cabe num vaso de porcelana,
não cabe sequer numa concha
do que guardo na memória.

O que guardo na memória
pode caber na Custódia do Sacramento,
no olhar desse anjo
que observa o mundo
com olhos antigos e desnecessários.

O que guardo na memória
são odes que se esquecem
do que guardo na memória.

O que guardo na memória
são os passos que dei em volta de mim,
como se me procurasse
com a certeza de não me achar
nestas pequenas ruas perenes de Coimbra,
onde me guardo nos livros
da biblioteca Joanina,
as palavras douradas,
os dentes desta mulher sedutora
que me dá a noite de presente,
este cheiro de perfume e de flores,
de alimento por servir,
o vinho que se derrama na toalha.
O que guardo na memória
não cabe num vaso que se põe à janela.

8.

Tenho os sapatos sujos
de distância
que procuram rumos entre as casas.
Canções me habitam a boca,
palavras que não decifro,
como se ferissem
os segredos de Coimbra.
Ouço uma guitarra
como a palavra que se cala,
este fado dos becos,
a poesia das ruas medievais.
Coimbra se guarda nos varais das janelas,
essa paisagem que faz a noite
ser mais longa do que é.
Não tem fim este silêncio
que me engole nestes degraus,
as paredes das igrejas,
imagens machucadas
dos anjos que faltam no céu.
Os olhos da moça à minha frente
são serenos como uma fonte.
O rosto é branco como um avental.

Ela não sabe de mim,
eu que habito Coimbra
como se mergulhasse na minha reminiscência,
como se em Coimbra
encontrasse o que me falta,
esse pedaço que desconheço
e que salta de minha pele
como saltam os gafanhotos nas plantas.
Tenho sujos os sapatos de ausências,
levo algumas estrelas no bolso do casaco,
procuro Inês de Castro
com a convicção de um sacerdote
que não sabe de si.

9.

Encantam-me os nomes
de Coimbra
além dos santos
além das santas
além dos reis e das rainhas
encantam-me os nomes de Coimbra,
encantam-me a Travessa do Espírito Santo,
as quintas
das Lágrimas
das Flores
da Cheira
da Casa Azul
da Várzea
das Lages
de São João
das Varandas
da Nora
e outras quintas que não sei.
Encantam-me a rua das Padeiras,
o Largo Cruz de Celas,
os Arcos do Jardim,
a Praça da Porta Férrea,
encantam-me a rua Corpo de Deus,
o Parque de Santa Cruz ou Sereia,

o Penedo da Saudade,
a Ladeira do Chão do Bispo,
Casal da Eira,
Lomba da Arregaça,
Alameda da Conchada,
encantam-me os nomes de Coimbra,
além dos santos,
além das santas,
dos reis e das rainhas
encantam-me os nomes de Coimbra,
como se os guardasse todos
num caderno que hei de ter.

10.

Este comboio parte não sei para onde,
parte e corta Coimbra ao meio,
como se partisse
como se cortasse
o poema.
Este comboio em linhas de ferro
que leva homens de casacos de lã
corta Coimbra ao meio,
como se fosse um cavalo a sair pela manhã
e invadisse os olhares no espelho.
Este comboio que parte também chega
não sei de onde,
não saberei.
Como se não partisse,
como se não chegasse,
como se não fosse
este comboio que é,
que corta Coimbra
a levar receios
e beijos tristes de pessoas passadas.
Este comboio que corta Coimbra
corta também o que não consegue
a se desfazer de si,
como se entrasse na reminiscência

do que há tanto foi,
do que há tanto se fez.
Este comboio que parte de mim
que fico a olhar distante
como se aqui não estivesse,
como se com ele não estivesse a partir.

11.

Ouço não sei de onde a música
que atravessa as paredes
da Igreja de São Bartolomeu,
notas tristes de um poema sem palavras,
sílabas a contar o tempo
dessa eternidade das coisas.
As pombas dormem em alpendres ausentes,
pequenos olhos que se fecham à vida.
Ouço não sei de onde o gesto
como se me fosse possível
ouvir o que é invisível.
Nada no entanto desfaz este instante,
meus passos na pequena rua dos Esteireiros,
minha boca com orações desconhecidas,
pequenos vultos encostados nas paredes,
esta chuva, esta chuva,
esta chuva,
mais que a água que escorre pelos telhados,
o tom molhado de meus passos,
meus sapatos quietos,
quase infinitos sapatos sem rumo,
mas em Coimbra as casas são como rostos
que permanecem nas pedras,
as janelas como olhos acesos
e a noite este pano que cobre os segredos.
Ouço não sei de onde
este fado com guitarras saudosas,
lamento de mim,
o corte do que se mostra,
esse retrato em moldura nenhuma,
no profundo do olhar,
onde tudo se despede para sempre.

12.

Aos poucos me refaço
aos poucos me refiro
aos poucos me retiro
aos poucos me recordo
aos poucos
aos poucos
aos poucos me transformo
aos poucos me atrevo
aos poucos
aos poucos
aos poucos perco o pouco
aos poucos perco o pouso
aos poucos não consigo
aos poucos
aos poucos
a poucos passos da alma
de Coimbra
a poucos momentos do rosto
de Coimbra
aos poucos
aos poucos Coimbra acho
a alma
mais que a alma
aos poucos Coimbra mostra
aos poucos
aos poucos Coimbra nasce
e se acrescenta
e se faz
e se deslumbra
e se encanta
aos poucos Coimbra está
aos poucos
aos poucos
aos poucos Coimbra é
no seu espaço
largo mais que praça
que nunca se esquecerá.

13.

A face que me oculta
muito mais me faz notar
no espelho das águas
deste rio
deste rio
deste rio
a face que me revela
nestas árvores
nestas ruas
que percorro e não sei
nesta face
faço a faca de meu corte
bem no rosto de Coimbra
faço o corte desta face
bem nas águas deste rio
deste rio
deste rio
deste rio
que vai noturno na sua linguagem
a se esquecer
de si
em si
como se pudesse.

14.

Assim me empenho
como se a guardar palavras estivesse,
assim me calo,
como se a discursar mentisse,
assim me faço dentro do poema,
como se a me destruir.
Assim arranco esta semente,
o olho vivo da cidade,
quadro da memória.
Assim me consumo nos cafés,
diante dos poetas de Coimbra,
a leitura dos poemas esquecidos,

as pedras das ruas,
pequenas portas que abrem o tempo,
como se não escondessem o rosto,
assim me atravesso
como se a descobrir o que não se descobre,
a poesia
que interfere
na luz dos dias,
o olhar mais branco destes segredos,
a poesia que interfere
na densa paisagem,
estas frases contidas,
beijo que corta a madrugada,
Coimbra que se abre
como se assim fizesse uma oração,
o livro mais antigo do poema que se perde,
como se assim determinassem
os ponteiros do relógio da torre,
cada passo dos minutos,
horas que não terminam,
como se assim fosse o templo,
a porcelana deste instante,
louça e grades,
as colunas, monumentos,
tantos séculos no fundo das pessoas,
tudo que se faz
como se assim sempre fizesse
o tempo
o gesto
esta Praça do Comércio
onde me calo
e observo o final das ruas,
Coimbra que me chama,
que atravessa o olhar
e se deixa invadir na própria paisagem,
como se mergulhasse por dentro
como se assim pudesse ser mais o que é,
assim como se nascesse
e se deixasse adormecer.

15.

O universo
a cidade
universidade
a densidade a tarde
o adro que arde
o toque que cala
Coimbra
o vaso a vista
a vasta volta
a vista vasta
o universo o verso
a sala sela o solo
o solo sela a sala
a aula
Coimbra
a capa o copo a culpa
a copa
a noite o rio
Coimbra avança
a dança o denso
Coimbra
profunda idade
desse tempo
dessa terra
dessa tez
desse ter
o universo
o unir verso
a densa idade
do olhar.

16.

Tenho em mim uma bailarina triste
que não dança.
Tenho em mim uma bailarina triste
que vive em mim e não sabe.

A bailarina que vive em mim
ouve o fado que me fala de Coimbra
e desperta para a vida,
como se despertasse em si
o próprio rosto
e antigos palcos onde se deixou.
Tenho em mim uma bailarina triste
que olha os cafés
quase ave que empreende o voo
quando as pessoas olham as vitrines
e leem os jornais com páginas brancas.

Passo pelo Arco de Almedina
e ouço as palavras a caminhar comigo em meu passo,
como se comigo fizesse um bailado quieto,
desses sem movimento,
desses que não há.
Poema que não sei,
que invade as pedras das paredes,
os azulejos colados no rosto,
na roupa das pessoas,
da mulher que tece a lã
sentada no degrau.

O pouco que consigo ver
é o verde escuro do rio,
assim distante de mim,
como se me fugisse do olhar.
Estão aqui antepassados silêncios,
frases que esqueci,
mulheres que não sabem
como em mim esta bailarina
que em sobressaltos
invade a Sala dos Capelos
com sapatilhas azuis.

17.
As cores que me encantam
em Coimbra me encantam mais.

Amarelos velhos molhados de chuva
pedras cinzas do passado
janelas verdes como olhos brancos
a descobrir as noites que correm.
Encantam-me as cores que não sei definir
as cores dos livros
as cores das pombas
das portas antigas
sobretudo das igrejas
dos retratos dourados
das imagens perdidas em altares aflitos
as cores dos dias
as águas escuras desse rio que me corta
em poemas que imagino nas bocas.
Encantam-me o negro destas capas
a cor dos olhos
a cor do lábio
a cor dos dentes
a cor do silêncio
a cor do olhar que me afasta
a cor do musgo junto ao pé das paredes
a cor dos sapatos
dos casacos de frio
a cor da cor
que a poesia não pode descrever.

18.

Quando o Mondego
passa debaixo da ponte de Santa Clara,
Coimbra se põe a olhar
o Mondego que passa
debaixo da ponte de Santa Clara.

Santa Clara pertence ao rio
e o rio pertence a ela.

Coimbra olha do alto
e não interfere
nessa poesia do rio e da santa,
da santa e do rio.

Do alto da torre,
Coimbra só observa
o rio que passa debaixo
da ponte de Santa Clara,
como se estivesse ali parado,
a santa à margem
como se ali estivesse sempre,
como sempre está,
como nunca deixou de ser.

19.

Entro pela porta Férrea
e atrás de mim vejo Coimbra
a nascer sentimentos,
um poema de dor
me corta ao meio,
como se de mim estivesse se desfazendo,
por meus dedos medievais.
Em minha cabeça o casario
e os becos escondidos,
a paixão que não sei,
escadas de séculos
na paisagem de pedra,
estas portas,
esta igreja de Santa Cruz,
o rosto renascentista
deste homem que caminha só,
estas capas em meu silêncio,
São Tiago há de seguir-me
por estes largos distantes,
há de seguir-me Santa Isabel,
com meu manto de rainha,
há de seguir-me D. Afonso Henriques,
há de entrar comigo no convento de Santa Cruz,
há de seguir-me por estas igrejas,
há de levar-me à praça do Comércio,
e comigo há de subir os degraus da Sé Velha,
há de seguir-me o rio,

há de levar-me para sempre,
onde repousam as águas e as chuvas,
há de falar-me o Mondego suas palavras,
seus espelhos de reis,
mulheres que nunca conheci,
há de entrar comigo pelos pátios
a sombra barroca deste tempo que não cessa,
há de vir comigo à Capela de São Miguel
meu passo incerto nesta noturna paisagem de mim,
há de seguir-me minha sombra
nos olhos brancos de São Salvador,
Santo Agostinho há de dizer-me
as palavras guardadas,
há de vir comigo São Jerônimo
por todas as planícies e adros esquecidos,
há de levar-me São Marcos
por entre as trevas,
nuvens de punhais incertos,
há de estar comigo meu rosto na Capela do Sacramento,
onde repousa o olhar
e o gesto quebra o silêncio
como se quebrasse um cristal ausente,
há de seguir-me São João de Almedina
pelos caminhos que não sei,
que nunca hei de saber.

20.

Pela última vez descubro o olhar
que ainda tenho
e atravesso o largo D. Diniz
como se não o fizesse
e permanecesse parado
na ausência de mim.
Pela última vez caminharei pelas brumas,
sentarei pela última vez nos cafés,
pela última vez acordarei Miguel Torga
e com ele andarei de mãos dadas
por todos os lugares de Coimbra,
pela última vez andarei com ele

como se não fosse a última vez,
e na rua que tem seu nome
deixarei um cesto de morangos
e flores brasileiras.
Procurarei com Torga
os poetas e escritores de Coimbra,
as mulheres envolvidas num xale antigo,
essa imagem de Portugal que vejo nas casas,
nos rostos, nos anjos barrocos,
nos túmulos góticos, nas ruínas romanas,
o Palácio de Sobre-Ribas
de Coimbra Manuelina que me comove.
Salta aos olhos o andar dos velhos,
as palavras esquecidas
nos altares e no olhar
de Inês de Castro
que anda pelos becos que não sei,
hei de saber no entanto hei de saber
pela última vez.
Pela última vez molharei as mãos nas águas do rio,
pela última vez colherei uvas da vinha
que não tenho no fundo do meu quintal,
pela última vez visitarei a Capela do Sacramento,
pela última vez entrarei na Igreja do Carmo,
pela última vez,
pela última vez dormirei nas repúblicas
para adormecer palavras de silêncio,
pela última vez
procurarei Santa Justa e Santo António dos Olivais,
pela última vez
pela última vez
pela última vez
entrarei nos mosteiros
pela última vez estarei na rua das Azeiteiras,
pela última vez olharei as pombas
no largo Oito de Maio,
pela última vez
pela última vez verei o beco de Cima
e olharei meus pés na escada de Quebra-Costas,

pela última vez
pela última vez abrirei a igreja da Graça,
pela última vez reminiscente de mim
visitarei Portugal dos Pequeninos,
pela última vez estarei na rua dos Esteireiros,
pela última vez,
pela última vez,
pela última vez
olharei essa mulher que não conheço,
como se a conhecesse sempre,
pela última vez rezarei por Santa Clara,
pela última vez,
pela última vez descobrirei o olhar
que ainda penso ter
ao atravessar o largo D. Diniz
como se não o fizesse
e permanecesse parado
na ausência de mim.

ALGUMAS CANÇÕES

Caminho por estas ruas de Coimbra
como se dentro de mim caminhasse,
como se dentro de mim houvesse um parque
igual a esse parque que não há.
Caminho por estas ruas de Coimbra
como se de mim precisasse,
como se em mim andassem
as ruas de Coimbra que caminho,
como se dentro de mim caminhasse.

*

Bela Inês que me habita,
bela Inês que me habita a morte,
bela Inês que percorre comigo os conventos,
percorre comigo as ruas inexistentes,
bela Inês que se cala e engole a noite,
bela Inês que comigo silencia a palavra,
a bela Inês caminha só na praça da República,
a bela Inês inventa a quinta das Lágrimas,

a bela Inês se aflige na fonte dos Amores,
a bela Inês esquece de seu rosto,
corta os dedos como se cortasse
as folhas das árvores de Coimbra,
a bela Inês que de tão bela não se vê na beleza de si,
se mergulha por dentro a bela Inês e se perde,
como se perdem os meninos nas feiras,
a bela Inês corre a relva
corre a relva a bela Inês,
como se isso lhe bastasse.

*

Um gato negro me observa
no Beco das Cruzes,
me observa com olhos acesos,
como se fosse atacar a um pássaro.
Um gato enorme me observa no Beco das Cruzes,
as unhas como um garfo, a língua vermelha
a escorrer pelos dentes afiados.
No Beco das Cruzes eu me arrependo de tudo
e eu não sei por que me arrependo
se remorso não tenho de nada.
Um gato me olha ausente
como se eu não existisse,
como se meu medo adivinhasse.
Um gato
nestas ruas quietas de Coimbra
é como o grito que não tenho,
mas que guardo nos livros e nas janelas
sempre que anoitece,
quando fecho os cômodos
para melhor não saber de mim.

*

São tristes as mulheres
que vejo no largo das Olarias,
são tristes as mulheres
tristes que vejo,
são as mulheres mais tristes
que já vi as mulheres tristes
que vejo no largo das Olarias.

A que me olha não sorri
nem se espanta a que me olha.
Não respira nem tem gestos
a mulher que me olha
no largo das Olarias,
nem tem pálpebras nem olhar,
não tem rosto
a mulher triste que vejo
no largo das Olarias,
que me olha
e me adivinha sombra de mim
no seu espelho, na sua bolsa,
a larga fivela do seu cinto,
as pernas aflitas de fugir.

*

No Beco dos Prazeres
beijo a boca da mulher
que nunca mais verei.
No Beco dos Prazeres
abro minha camisa branca,
como se desejasse abraçar o mundo.
No Beco dos Prazeres
vejo a paisagem do corpo,
como se descobrisse
o poema
entrelaçado nos dedos.
No Beco dos Prazeres
fico a adivinhar os presságios
que me caem sobre os ombros.
No Beco dos Prazeres
alimento a ausência de mim,
tento me descobrir
e me esqueço.

*

O mendigo que tantas vezes
vi sentado à porta
da livraria Bertrand
certamente não existe mais.
Falava em morrer com a convicção de um santo.

E deixava cair saliva à barba
como palavras líquidas que não sabia dizer.
O mendigo que tantas vezes vi
certamente não existe mais,
nunca existiu na verdade,
porque assim se considerava.
O mendigo que tantas vezes vi
tinha acenos lentos e olhar ausente,
era como se não fosse
o mendigo que tantas vezes
vi sentado à porta
da livraria Bertrand.

*

Este verso decassílabo
que vejo entrar na poesia portuguesa,
este soneto,
estas cantigas,
a poesia portuguesa
na alma de Portugal.
Observo Sá de Miranda
a escrever elegias
nas portas de Coimbra,
tantos séculos observo
neste verso decassílabo
cada sílaba um soluço,
tantos séculos de palavras,
elegia que se perde,
Sá de Miranda
a se transformar no tempo
e no tempo transformado
se transforma no poema,
como se fosse o poema
além do que o poema pode ser.

*

É Eça quem vê Antero
nas escadarias da Sé Nova,
é Eça quem o vê,
Antero de Quental esteve aqui,
por aqui passou e se deixou para sempre,

por aqui
carregou sua bolsa de infortúnios,
por estas ruas pequenas
passou Antero com passos incertos,
passou por aqui Antero
com suas odes, sonetos,
seu prato de palavra,
esteve nos largos de Coimbra,
por aqui passou pelos becos,
habitou as casas,
gritou poemas palavras gritos,
por aqui passou com seus receios,
por aqui esteve Antero
com o desespero dos santos.

*

Não sei ao certo o que me digo,
porque é assim que nascem os poemas,
mas em Coimbra é diferente,
já que a poesia está no gesto,
nas portas das igrejas,
nos altares,
nos olhos fechados de Santa Isabel,
a rainha a passear no seu jardim,
a poesia está,
a poesia é.

Não sei ao certo o que posso ver,
que desejo me faz nascer nos museus,
em que serenata hei de viver,
em que rua de Coimbra
hei de escrever uma carta,
em que largo
poderei debruçar o fim de tarde.

*

Do alto me olha D. Diniz,
a percorrer o olhar pela universidade,
o largo que a tudo esparrama
e a tudo faz ser maior,
as estátuas junto às paredes,

como se paredes não existissem
e fosse tudo um enorme campo,
o pátio das Escolas,
como se fosse este largo
mais que a memória,
fosse esta cerimônia da queima das fitas,
o vermelho solene dos gestos,
como se fosse assim
ou fosse muito mais,
tão amplo que o olhar não alcança,
nem pode definir.

*

Há poetas mortos na minha estante,
biblioteca de retratos e palavras,
de receios e angústias,
o rosto de poetas sozinhos de Coimbra,
a sombra de Torga que me cala no quarto,
este hotel que me cobre,
como se cobrem as árvores nos campos,
como aves a esperar o fim da tarde.
Há poetas mortos nas paredes e nos retratos,
nas palavras dos poemas,
no gesto invisível no fundo do espelho.

*

A parte que me cabe viver
vivo como se não vivesse,
da maneira como vivem
os insetos e as flores,
como se assim não fosse
além da minha própria possibilidade,
como se assim me levasse o corpo
as águas deste rio de Coimbra
que atravessa a geografia do olhar,
como se assim não fosse,
como se assim
como se
os barcos de minha memória
saíssem de mim em busca de terra,
das sementes dos frutos,

onde estão os dias e os calendários,
as noites intermináveis
na parte que cabe viver,
que vivo como se não vivesse.

*

Hei de calar-me inteiro
para ouvir a serenata de Coimbra,
hei de não ter palavra alguma
para dizer a ninguém,
hei de portar-me como se a nascer estivesse,
hei de andar-me em mim,
por dentro onde me desconheço,
hei de acreditar na poesia
como se a rezar estivesse
na capela de São Miguel.

*

Se Coimbra
não fosse,
teria de ser,
teria de ser
se Coimbra
não fosse.
Teria de ser como é,
assim cidade,
de alma feminina,
assim mulher como é,
e se não fosse
teria de ser
Coimbra,
assim como está,
assim como vive,
assim
como se faz a poesia,
assim
como é o poema,
assim.

Poemas portugueses

Coimbra, 2002
(Editora Alma Azul)

Para Graça Capinha
minha irmã em Portugal
que um dia passeou comigo na Figueira da Foz
a colher a tarde molhada do mar.

Nascido em São Paulo, Álvaro Alves de Faria pertence a uma geração que viveu, ao surgir para a literatura, nos anos 60, um dos mais conturbados períodos da história brasileira contemporânea. A tendência dominante, na altura, apontava para uma concepção de poesia como reação imediata da consciência alerta, e da sensibilidade exacerbada, em permanente estado de indignação diante das misérias e iniquidades do cotidiano. Hoje, mais de 40 anos e 20 livros de poesia depois, é notável a fidelidade do poeta às matrizes de que proveio, desde que se entenda o seu ensimesmamento atual, via de regra pungente e grave, como a mais recente das metamorfoses por que vem passando a indignação de origem. São quatro décadas de uma peculiar trajetória em que determinado modo de reagir, imposto pelas circunstâncias, acabou por se transformar em modo de ser.

O móvel básico dessa transformação é um permanente jogo pendular, que ora leva o poeta a apegar-se aos acontecimentos, em seu afã de participação e intervenção, ora o leva a ensaiar fundos mergulhos na subjetividade, em compasso de autoisolamento. Vasos comunicantes. tais aspirações se cruzam e por vezes se confundem, mas deixam muito claro, sempre, o sentimento da incompatibilidade entre o estar-no-mundo e a plena posse de si mesmo. O travo de desolação que ressuma da poesia de Álvaro Alves de Faria parece brotar desse jogo, vale dizer do fato, para ele inarredável, de que a realização de uma dessas aspirações tornaria necessariamente inviável a outra.

Jogo pendular, oposição de contrários – tudo aí denuncia um inconfessado desejo de síntese, desde sempre tomado como utópico, mas paradoxalmente concretizado, ou ao menos esboçado, nos *Poemas Portugueses* aqui reunidos. Poemas estrangeiros, poemas de (auto) expatriado, poemas de uma consciência deslocada dos cenários e circunstâncias que lhe são mais familiares – o poeta, no entanto, parece aceitá-lo com naturalidade. Perdido de si, como diria Ortega y Gasset, Álvaro Alves de Faria deixa-se docilmente impregnar de outras circunstâncias e cenários – mundo alheio, o Outro-outro e não o mero prolongamento do Eu. O resultado é o inesperado encontro de si mesmo, um encontro análogo ao achamento daquela "verdade" que Alberto Caeiro, só porque a não foi achar, achou.

A experiência da autodescoberta, vivida no bojo desses poemas estrangeiros, decorre de dois empenhos obsessivos, aí muito marcantes. Um deles prende-se ao motivo do olhar deambulatório, expresso na insistência em vocábulos como "passos", "sapatos", "caminho", "caminhar", "andar", "rua" e afins. Despaisado, vale dizer solto, livre e desprevenido, o poeta passeia em redor a sua curiosidade inquieta, "em busca não (sabe) de quê", apto portanto a achar, e a achar-se, em sentido pleno, já que não se sente mais condenado a esbarrar continuamente nos fantasmas que, dentro e fora, desde sempre o atormentam: "Nesta rua ando como navegador / e não sei que caminho tomar".

Outro empenho obsessivo, já agora no plano dos expedientes versificatórios, diz respeito à recorrência constante às repetições – palavras, frases, impressões que vibram e insistem em permanecer, desdobrando-se em ecos que se alastram, na memória ou na alma, enquanto o olhar de fora prossegue no mesmo esforço deambulatório, pelas "ruas de histórias que calam no fundo da boca".

Em terra alheia, enfim, o poeta depara com o que nunca sonhara encontrar senão em terra própria. Mas, a bem ver, essa outra terra não será tão alheia assim. Lá estão as raízes familiares: "Minha alma se deixou em Portugal / onde viveu meu pai / a caminhar com algumas ovelhas"; lá está um modo de sentir que obcecadamente busca sintonizar com o âmago das coisas, um modo que subsiste para além das mudanças e metamorfoses, para além de tempo e espaço. Lá estão, também, os ecos e reverberações das vozes tutelares, "toda a poesia de Portugal": Pessoa, Camões, Cesário e, quem sabe, embora não nomeado pelo poeta, o António Nobre do Só, este que é "o livro mais triste que há em Portugal".

Bem por isso, exilado em Coimbra ou em Lisboa, em Trás-os-Montes ou no Alentejo, Álvaro Alves de Faria nunca chegaria a lamentar, como Gonçalves Dias: "As aves que aqui gorjeiam / não gorjeiam como lá"; nem tampouco a exclamar, como outro Álvaro, famoso: "Estrangeiro aqui, como em toda a parte". É que seus Poemas Portugueses lhe propiciaram, em terra alheia, o encontro de sua mais entranhada intimidade.

Carlos Felipe Moisés

MEMÓRIA

São antigas as ruas na memória:
lojas mulheres passos
sapatos que não caminham
o rio que se estende como a nuvem
das embarcações invisíveis
o passado que não existe
o inseto
aos pés das avencas
as ruas de histórias que calam
no fundo da boca
onde o lábio não guarda palavras.

São pequenas folhas de vidro
dessas que ficam nas janelas tardias
onde vivem as pessoas.

O instante de percorrer ausências
os acenos que se guardam
numa caixa no armário
as fotografias
na moldura dourada
que cerca o rosto
na reminiscência de tudo.

O estar no espelho
da palavra
e da necessidade de não dizer.
São antigos os passos
nestas igrejas
os altares de santos derradeiros
as asas de anjos enganados
o voo da ave que se fere
e não parte nunca mais.

O olhar fenece
como as raízes da terra
os últimos cavalos que não sabem
a relva por existir
crinas como finos fios

no abraço que não há
a cadeira que não serve
o rosto
que não se conhece.

NOITE

A palavra noite nada significa
senão que é a noite essa paisagem distante
em que se debruçam poetas antigos
senão que é a noite
a palavra que nada diz
senão que a noite é só noite
              é só noite
              é só noite
              é só noite
              é só noite
essa palavra de alguma poesia
            de alguma poesia
            de alguma poesia
essa palavra noite que de alguma poesia
se alimenta como se alimentam
os insetos nos jardins
como o poema
      o poema
      o poema
que se alimenta dessa densa palavra líquida
                  densa palavra líquida
em que se cala a poesia
em que se cala o poeta.

A palavra noite
nada significa no verso inconcluso do verso
              no verso inconcluso do verso
              no verso inconcluso
senão que seja a noite esse espanto das ruas
              esse espanto das ruas
que seja a noite o que se diz do ausente
              o que se diz do ausente
que seja a noite os telhados vermelhos de Lisboa
              os telhados vermelhos de Lisboa

senão que seja ela uma mulher
que seja ela o rosto o corte de duas faces
que seja bem-aventurada que seja o que possa
essa noite sem significado que se cala
e se estende
neste dia de setembro que termina
sem poema
sem poesia.

SANTA APOLÔNIA

Embarcações tiram o celofane das águas
e aportam não se sabe em que oceano
afundam palavras no espaço do tempo
esse exato espaço
onde cabe toda a poesia de Portugal.

Versos e velas atravessam o mar
peixes que revivem as janelas de Lisboa
as mulheres que não amarei
Santa Apolônia
de onde partem meus receios
este Tejo de Fernando Pessoa que passeia comigo
                        dentro de uma capa de chuva
com o chapéu a cobrir a cabeça.

Não sei desta música amiga
não sei da tua guitarra noturna
não sei amiga não sei
da tarde que não sei
da noite que acaba no teu rosto
nunca me saberei reminiscente de mim
em antepassados nas aldeias distantes
ou na Praça do Comércio
onde dou milho aos pombos.

Não ouvirei os acordes da tua canção
teu dia
que se inaugura no xale de teus ombros.

Telhados vermelhos na tua voz
Lisboa do paletó escuro de meu pai
dos olhos de meu pai
ausente pai em todas as ausências irreversíveis
morto pai presente nas cartas de Portugal
onde me deixei ficar nas palavras que me habitam
no bico desta ave que risca o céu
com um giz incerto a percorrer a tarde
entardecida tarde
que se mistura à água a cobrir os pés
como se assim não fizesse
como se assim não fosse partir
por esse oceano que nos engole
e nos completa.

A SALA

A sala que me cerca
e me sufoca no fim da tarde
é como o xale da mulher
que não tenho na paisagem de Portugal
essa mulher que não vejo
mas que existe na minha memória
aldeia de cadeiras nas portas
sandálias entre os grãos da terra
que me vê distante.

Esta sala é o invólucro
em que o nada se espreita
e o que há por vir não virá.

É uma sala de alguns retratos
de homens de barba por fazer:
sala sem artifícios
esta sala
que me cerca
na inutilidade de estar presente
como se de mim partissem
as aves que não migram mais.

Em mim estão as palavras sem sílabas
essas feitas de mudez e da poesia das paredes.

Esta sala que me cerca
aos poucos também me liberta
já que a poesia é um ato
de se cortar por dentro:
suicídio de quem pressente a claridade.

A sala
é uma caixa que se fecha ao mundo
esta sala
que me espanta entre vitrais e igrejas
esta sala
é o salta que se deseja
onde desejos não há mais:
esta sala
é a ausência das pessoas.
Tudo é circunstância
na poesia e fora dela:
esta sala que me corta em fatias
dedos de arame
a percorrer o giz da lousa
dos azulejos das janelas
esta sala
de palavras nulas
de rugas escassas:
esta sala
esta cela.

COIMBRA

Calmo é o espanto da cara
a faca inerte que corta o dia
a poesia do dia.

Parco é o instante que morre
o ausente pressentir o nada
o tempo do nada.

Pouca é a palavra que finda
a boca que cala o lábio
o contorno do lábio.

Por estas ruas
ouço Coimbra a morrer em mim
poeta que sou de outra terra
e que estende no olhar possível
essa ave que nos arcos
nas pedras
essa água desse rio que me lava
rio que me leva.

Não é tudo despir-me
como se a orar-me por dentro
por esta santa Clara
por esta Isabel de rosas vermelhas
por esta Inês de face branca
que por não ser santa é mulher.

Por este ausentar-me de mim
como se assim pudesse viver
pudesse viver.

Por estas ruas me perco
e assim será para sempre
para que me faça
à janela que me abre ao sol
ao abraço
dessa mulher que me dá adeus
que me dá adeus.

OS ESPELHOS DOS CAFÉS

Também quero escrever a Pessoa
em Lisboa a caminhar pressentimentos.
Direi a ele coisas banais
dessas que se esquecem no outro dia
e que ninguém mais ouve por serem desnecessárias.

Não guardo no bolso
um veneno capaz de acabar com meus sonhos.

Tenho uma capa que me cobre à noite
quando também
caminho sem saber ao certo o que fazer.

No entanto isso não é nada diante da palavra
        do poema
          da memória
        do homem
        da alma.

Quero também escrever a Pessoa
a olhar a Tabacaria
onde Álvaro de Campos observa
os dias que transcorrem.

Os dias foram feitos para transcorrer
assim como escorrem os rios nos azulejos.

Nestas horas tenho estado em silêncio
a escrever palavras inúteis.
Tenho saído de mim
em busca dos livros antigos nas estantes junto às sombras.

Nestas ruas vejo meu rosto no espelho dos cafés
e não sei mais a quem mais devo me dirigir.

AS OVELHAS

Parco é o chão só momento áspero
na música inerte destes cafés
estas ruas nos rostos dos sobrados
na tez destas mulheres que fogem
e habitam as casas do poema.

Caminho sempre
mais uma vez caminho
aqui
onde começa o mar
e onde com meu barco busco descobrir-me.

Galerias de gelo percorrem minha pele
como insetos noturnos no amarelo da tarde
na boca dos hotéis
no poema quase inútil de cada dia.

Não sei de mim neste tempo
nem de Caeiro sei
a andar com ovelhas pelas montanhas
eu que por um momento me fiz
numa fotografia antiga
e em mim calei as pombas das igrejas
dessas com telhas escuras
e mulheres tristes nos bancos
eu que nesta hora
me ponho em círculos sem saída.

Nada que a poesia não possa resolver
como o voo da ave
aranha de veludo na tez do avesso
nada que a poesia não possa
como se isso fosse necessário.

A poesia nada pode senão se calar
por dentro das palavras
caracol que morre
entre as plantas e a terra do jardim.

Inútil o tempo desta descoberta
a findar-se por dentro
onde vivem os navios à deriva
num oceano vazio
caixa de pressentimentos
no celofane do instante.

INÊS

Que possa a poesia
viver no seu apelo
que possa

existir enquanto viver o homem
que possa a poesia
calar no fundo da palavra Inês.

Que possa
enquanto observo as operárias nas janelas dos trens
mulheres tristes que não posso abraçar nos subúrbios do Brasil.

Que possa Inês
a poesia ser de silêncio feita
como se de ferro de louça de argila
da liga constante que é a vida das coisas
todas as coisas.

Que possa ser a poesia Inês
o musgo de teus pés em Coimbra
a face branca da tua boca
a cicatriz que trazes por dentro
e que não alcanças.

Que possa a poesia Inês ser feita no olho da ave
essa que não conheço
e que espera acabar o dia na antiga residência do nada.

Faz escuro nesta tarde de temporais
onde naufragam os barcos e onde os pés são avencas frágeis
nesse brilho da água Inês:
tua morte desfeita na fúria bruta da tua palavra
rainha que és no terço em que rezas tua sina.

Que possa a poesia viver enquanto houver
essa palavra na boca das pessoas
a rua comum que nos acolhe.

Que possa a poesia Inês
brilhar no prato exíguo do jantar ausente
na faca que corta e ceifa o legume áspero do corpo
que possa inda existe Inês
que possa.

A RAINHA

Está a caminhar comigo
a sombra de uma rainha
que não sei.
A seduzir-me anda
essa rainha de uma aldeia
de tantas faces
anda a falar comigo
a comer-me por dentro
anda essa rainha
a dizer-me de partidas
a negar-me o ar
essa rainha
de distâncias feita.

Do que vos digo
senhora
pouco me importa o sentido.
Do que vos peço
nada me cala em vossa fala
nem vos firo em vossa intimidade
meu leito em vossas coxas.

Tudo em mim
senhora
podeis viver vosso prazer.

Está essa rainha a caminhar
as luas no céu da boca
a navegar comigo
anda essa rainha de dentes brancos
a descobrir os oceanos da alma.

Está a morrer comigo
essa rainha
que não sei
porque comigo está a morrer.

LISBOA

Caminho
por esta rua caminho
a olhar o rio
caminho
por esta rua.

O rio é o mar Fernando
de onde talvez partirei um dia
a olhar
esta rua por onde caminho
a olhar o rio
este mar
por onde navegam as sombras dos retratos
a louça verde das toalhas
e o vermelho noturno das jarras.

O rio é o mar Fernando
onde fizeste teu poema
desses que ficam para sempre
no oceano absoluto em que naufrago.

Caminho altas horas
a carregar a madrugada no bolso
um olho de ave que nasce
alpendre no arame da alma.
Ando a cidade em mim
como se fosse o mar dos sentidos
um barco incerto
no oceano que nos turva.

Caminho tua cidade Pessoa
como se assim devesse ser
e assim é
nesse tempo de cismas e de aguardar.
Não me basta abrir a janela
para ver
o rio aberto a invadir meus sapatos.

Não sei de Lisboa
nem das odes
poemas do lírico aceno de morrer:
a poesia é efêmera
nos azulejos das palavras
esse sempre azul que permanece.

Nesta rua ando como navegador
e não sei que caminho tomar
quando o mar é tão distante.

JUNTO AO RIO

Anda um cavalo de cristal
a caminhar junto à margem de mim
águas que sou
Tejoriomar
na geografia da minha intimidade
em que as mulheres se despem negras
nos pórticos
das igrejas de imaculadas
a acenar chamas e desejos
em flores brancas de ausências.

Assim o ritmo dos automóveis
a descer a rua junto ao rio
Tejoceanomar
na chuva dos presságios.
Assim o corpo invisível das vitrinas
entre as praças e os jardins:
bocas abertas na faca dos relógios.

Caminho as ruas
a cortar os pulsos nos postos de gasolina
prédios que se incendeiam nas madrugadas
mulheres a saltar das janelas
como ave que se ferem para sempre.

Que fazer de ti nestas árvores cortadas
se ainda tens a fúria das tuas palavras

nas xícaras dos cafés ?
Que fazer se nada há senão
a memória
em que repousa o aceno dos dias ?

Assim os dedos na armadura do espelho
onde o rosto se guarda na moldura:
o tempo que se esvai pelas frestas
do móvel antigo no canto da sala
retratos que conversam palavras quietas
o lábio a cortar o grito
no beijo que não existe.

Aqui as sombras do teu espanto
no segredo do altar
varal reminiscente
na oração que a boca cala
na imagem das paredes acesas.

As pombas morrem num voo sem volta
no instante que se fere
passos nas calçadas para sempre
a andar o tempo na cicatriz da face
e não sabes
deste anjo que escapa do fogo
e não sabes e não sabes
e não sabes
deste anjo que escapa.

ALMA

Se construo minha alma
deconstruo o que não fiz:
o sinal desse tempo escasso.

Minha alma se deixou em Portugal
onde viveu meu pai
a caminhar com algumas ovelhas.

A poesia é só uma cisma:
Outono que morre
na palavra que se corta
à tarde inconclusa.

PRECE

Que me seja dado ainda
ver Portugal
num dia de setembro
que me seja dado
ainda
que me seja dado
ver Coimbra
nessa noite escassa
de meus sentidos
que me seja dado
o olhar da poesia que me falta
o instante que se perde
que ainda me seja dado
o olhar das aves nas igrejas
que me seja dado ainda
caminhar ao lado de Inês
que me seja dado
ainda
ver Portugal
no final da Primavera
que me seja dado
ainda
que me seja dado
falar com as pombas
numa praça de Lisboa
a ouvir palavras que não esquecerei
que ainda me seja dado
que ainda me seja.

MULHER COSTUREIRA

Essa mulher costureira
que tece a malha da tarde

também tece o tecido da palavra
essa mulher
de xale a cobrir a cabeça.

Também tece a noite
essa mulher que esquece.

Tece a taciturna tez
a face
essa mulher costureira
a se olhar nas agulhas.

Tece ainda as manhãs
essa noturna mulher
que me costura
com as finas linhas do poema.

RETRATOS

Copo que parte
o rosto no brilho das águas:
lábio adormecido
em que ávido o beijo espera.

A alma ainda escuta
o soluço da alma:
palavra efêmera
como há de ser a poesia.

Como há de ser a poesia
a tesoura corta a sílaba do poema:
a tez do mar no espelho
é a mancha a sangrar o dia.

O gesto passa à mão
o prato da manhã:
o olhar não sabe
da ave que viaja para o nada.

Os dias são lentos
nas horas dos relógios:
o passado traz de volta
as pessoas caladas nos retratos.

BEATRIZ

Em algum lugar do mundo
existirá uma mulher chamada Beatriz
e haverá de ser colhedora de uvas
nas quintas de Portugal.
Em algum lugar do mundo essa Beatriz
estará usando sandálias de camponesa
será talvez pescadora das tardes e dos rios.

Em algum lugar me esperará
como se não esperasse ninguém
como se não fosse ela
a própria Beatriz em alguma igreja distante.

Estará essa Beatriz a colher os figos do Outono
com desejos de partir para os oceanos
a ouvir as aves
no pátio de sua espera.

Haverá de estar com uma bolsa de folhas
o musgo das árvores
o limo do chão.
Haverá de saber cantar silêncios
essa Beatriz à janela de um castelo.

Em algum lugar de Portugal.

DIANTE DO MAR

Também estou diante do mar
a partir de mim
para descobrir não sei o quê.
Como se não estivesse
também estou diante do mar
a colher ostras e estrelas.

Guardo bem o sentido da vida
como se a mim me fosse permitido
aguardar os sentimentos das tardes.

Também estou diante do mar
como se a saltar de um abismo
e a calar as aves e as nuvens
dessas que vivem por cima das águas
e no fundo do olhar.

Também estou diante do mar
como se a partir sempre para lugar nenhum
ao redor da palavra
esse ato de morrer.

Não sou neste silêncio do rio
o braço do oceano
em que navego pressentimentos.

Ah! Cesário Verde
faz viver ainda mais este poema
como se à poesia
fosse possível salvar o mundo.

Também estou diante do mar
a ver o avental cheio de uvas
também estou
como se não estivesse
a partir de mim e comigo
em busca não sei do quê.

SETEMBRO

Nesta manhã de setembro
ao lado do Mosteiro dos Jerônimos
e ao ver o Tejo na branca água desta chuva
lembro das noites brasileiras
e das flores mortas nos alpendres.

Lembro do Brasil
nesta manhã de Portugal
ao lado do Mosteiro dos Jerônimos
como se não lembrasse de nada
já que me farto
dessa matéria das ruas e das pessoas.

Como se não lembrasse:
a poesia fere por dentro como o fogo que marca
        sem deixar vestígios de sua chama invisível.
Como se assim pudesse entre os passos de meus sapatos
        calar a palavra do poema.
Ah! naus que saem de mim nesta aurora sem nome
a morrer navegadores de minha antiguidade
aqueles que ousaram cavoucar no mar o naufrágio do Outono
        esse caminhar-se por dentro
        por mares nunca dantes navegados.

Ah! morrer na circunstância exata do não previsto
dessas
        que não se mostram
        que não se fazem
        que não se calam
dessas
        que dentro dos livros emergem como flautas doentes
        e que na terra se plantam como raízes devoradoras
dessas
        como a que vejo nesta manhã de setembro
        ao lado do Mosteiro dos Jerônimos
        a me lembrar das noites brasileiras
            das bocas vermelhas de soluços
            do corte do lábio que se arranca
            à força de um alicate

(Tristes os cães se deitam nas praças)

O céu assim cinza
me parece um céu cinza
assim como está.

Que me venha um dia por esta terra matar-me em Lisboa.

Nesta manhã de setembro a olhar o rio
no deslumbramento que me oprime e me tira a liberdade
        da lágrima e do soluço
pressinto ausências na realidade de não ter mais gestos
aqui
ao lado do Mosteiro dos Jerônimos nesta manhã de Portugal
entre santos e homens
mulheres de rostos ásperos
aqui
onde não me sei nem me principio
não me faço nem me estou.

INVENTÁRIO

No que se refere a mim
tenho só o silêncio para prestar contas
também alguns vasos
e plantas sem convicção.

Talvez alguns pássaros
aves noturnas que não voam mais.
Um lápis azul
e duas cadeiras distantes.

Um porta-retratos com um rosto antigo
um livro dos sonetos ingleses de Pessoa
e alguns poemas esquecidos.

Deixo ainda uma porção de pequenas pedras
uma bolsa com duas luas minguantes
um vidro de perfume
três quadros desnecessários
dois sapatos sem rumo
e um terno que não serve mais
e ainda um domingo por viver.

A quem interessa deixo ainda
uma carta sem endereço de ninguém
com palavras sem importância.

Meus óculos sem paisagem
sem nenhuma serventia.
Um sol apagado na gaveta
do móvel de meu quarto
uma sala vazia
e um dicionário de palavras simples.

Há ainda as teclas gastas
de uma máquina sem frases
que escreveu algumas receitas sem sal.
Duas sandálias
e um paletó de veludo sem cor.

Deixo ainda um catecismo
com um deus longínquo
alguns temores sem remédio
e cinco alegrias esquecidas.

O resto desaparecerá com o tempo.

Sete anos de pastor

Coimbra, 2005
(Editora Palimage)

*Que dias há que n'alma me tem posto
um não sei quê, que nasce não sei onde,
vem não sei como, e dói não sei por quê.*
                                        Camões

O poeta, crítico e ficcionista brasileiro Álvaro Alves de Faria, de entranhada raiz na terra coimbrã, desde os pais, ali nascidos, em viagem de retorno pela língua, agora pai de seus sonhos, com este *Sete anos de Pastor* reconhece suas vozes com a dos ancestrais, na aventura sempre nova da linguagem, onde o poema é extraído como diamante de um minério, íntimo, aperfeiçoado pela vida e pelos ventos de um idioma que é comum e universal como as árvores e a terra. Nestes poemas, a beleza nasce do rigor e o rigor da beleza, não se sabendo ao certo, pelo encantamento à fonte, se é de suas raízes ou da seiva que une os dois povos.

Carlos Nejar

/.../ Nesta parte de *Sete anos de Pastor*, o poeta assume a máscara de Jacob, o pastor que serve Labão, pai (e dono) de Raquel, a mulher que assim se transforma numa metáfora para a própria poesia. Labão será Pessoa? Camões? Toda a tradição da grande lírica portuguesa, a que o poeta Álvaro Alves de Faria aqui procura servir também? Penso que todos eles fazem parte de mais uma configuração identitária de onde emerge a figura do desejo que permanece na espera do absoluto: Raquel. Nesta, como na última parte do livro, *Poemas para a Rainha*, as mulheres da grande tradição literária portuguesa personificam assim todos os lugares de passagem na errância nômade do poeta, como pastor que serve e espera pela sua verdadeira amada, a própria Poesia, com maiúscula./.../ Naquele que será o último desta série de sonetos e, simultaneamente, o último poema de *Sete anos de Pastor* – como vimos uma obra claramente assumida como neoformalista na esteira de formas exploradas sobretudo por Pessoa e Camões – o poeta-pastor deixa-nos o seu apelo, que é também a verdade última do seu desejo inesgotável: poder continuar a sua pastorícia, a sua errância e o seu nomadismo pelo que em si se cala ainda, pelo que em si apenas se pressente, a sua errância e o seu nomadismo pela fala: que é a de Camões, a de Pessoa, a de Portugal, a de seus pais – e também a dos seus leitores, aqui ou no Brasil: a fala da língua e da poesia portuguesas, possibilidade infinita em que o poeta se move e, com ele, todos os poemas/rebanhos que lhe trazem a promessa que é razão de sua vida.

Graça Capinha
Faculdade de Letras e Centro de Estudos Sociais
Universidade de Coimbra

Em *Sete anos de Pastor* combina-se a esplendorosa maturidade de Álvaro Alves de Faria com uma rara mestria literária. Neste livro, cuja autoria invejo com todas as forças, há um assumir do retábulo lírico camoniano no espaço da oficina deste que é um dos grandes poetas da língua portuguesa. De repente, ante a disponibilidade em tomo de respeito – nas gratas grandeza e qualidade – da trajetória poética do poeta Álvaro Alves de Faria, sentimos a voz vigorosa e envolvente que nos dá notícias de um homem com inequívocos foros de genialidade.

José Viale Moutinho
Poeta e escritor português

DESCOBRIMENTOS
POEMA
Para Mariana Ianelli

Há um momento certo
para se escrever um poema.
Uma hora certa.

Há um dia certo
para se escrever um poema.

Uma vida inteira.

DECISÃO

Deixei de falar
e pensar
não penso mais.

Deixei de escrever
também
deixei de ouvir.

Para mim
as palavras
morreram
definitivamente.

No entanto
conservo o olhar
e permaneço
diante do oceano
a me observar
partindo de mim
todos os dias
não sei exatamente
para onde.

Sempre que volto
trago pérolas
que devolvo
imediatamente ao mar.

Quando anoitece
adormeço
para a vida
e então
me deixo esquecer
sem respirar.

CARTA POEMA AO AMIGO POETA CARLOS FELIPE MOISÉS

Escrevo amigo
em tom de despedida:
na falta de alguma coisa importante
para fazer
devo matar-me no final da tarde
ao anoitecer para ser mais exato.

Devo tomar uma xícara de veneno
misturado ao chá com açúcar.

Primeiro vem o sonho
depois o desespero e a dor.
Tudo no entanto passa:
a dor é invisível
e o desespero as pessoas não sabem.

De forma que deixo
estas palavras vãs
e o abraço que me falta
ao me abraçar sem convicção.

Deixo algumas estrelas na gaveta
uma lua cheia no teto do quarto
e meus sapatos sem rumo.

A vida transcorreu em silêncio
e de ausências se fez
a janela aberta ao mundo.

Tudo foi como tinha de ser
nem mais nem menos:
eu só devia ter amado mais as manhãs
devia também ter ficado mais junto do mar.

Isso agora é tudo passado
dessas coisas que não existem mais.

Ao anoitecer os pássaros pousam nas árvores
e as pombas procuram as igrejas
as mulheres choram sem destino
e a poesia se torna inútil
essa poesia que me feriu
e aos poucos plantou a morte
no jardim que nunca tive.

Fecharei a casa como se fosse viajar
apagarei a luz da sala
e lerei os poemas líricos de Camões
para não me afligir.

Não sei morrer
sem me debater entre os móveis.

Depois tudo será esquecimento
que a vida esquece
o pranto de cada dia
e a cada dia acrescenta
um corte no ferimento.

Por mais que tudo seja
quase tudo foi em vão
como se nada tivesse havido.

Vou voar
ave que sou no entardecer
da noite agora me visto
sem mais amanhecer.

FLAUTISTA

Para Zuleika dos Reis

Só fui ser poeta aos 60 anos
quando todos os poemas
já estavam escritos
e poesia não havia mais.

Tocador de flauta
sopro árias inúteis
dos que não sabem tocar.

Toco também sinos nas igrejas
mas só em dias póstumos
ou em casamentos desfeitos.

Aos 60 anos as imagens são outras
e também desnecessárias
como a flauta
como a música.

Só fui ser poeta aos 60 anos
quando eu já não sabia viver
como se fosse preciso viver
para ser poeta.

Então descobri o mar
mas era tarde.

Sempre me disseram
que poesia é sacerdócio
por isso andei sempre
com uma extrema-unção no bolso.

Só fui ser poeta
quando não tinha mais tempo
e me faltava o ar
quando
todos meus barcos de papel
já tinham afundado.

Só fui ser poeta
quando todas as rimas
rimaram palavras e poemas
mulheres e plantas
aves e ausências.

Antes eu somente
andava perdido
entre poemas e lugares
preces e acenos.

Antes não existiam os sons
que agora ouço
entre o esquecimento
e o que nunca foi.

No entanto toco minha flauta
para preencher as tardes
e trazer as aves
para mais perto de mim.

Descubro agora que os oceanos
são claros como as manhãs
e só agora compreendo
a cor do Outono.

Antes eu não me tinha
como me tenho agora
a bater à porta de uma casa
de janelas azuis.

Não sei se terei tempo
de tecer ainda os mesmos
poemas já escritos
de procurar a mesma poesia
que se perdeu nos chapéus
reminiscentes das pessoas.

Sou agora uma pessoa antiga
talvez tenha os olhos de meu pai
aqueles que se fecharam
na brancura das paredes.

Agora tenho comigo uma bolsa
de pequenas pedras
e algumas chuvas do final das tardes.

Os animais me seguem nesta planície
como se eu fosse um pastor sem volta
a percorrer montanhas nas fotografias.

É possível ver melhor agora
o fim das coisas

que também antes terminavam
mas eu não via.

Há um navio na minha porta
oceano que se abre ao mundo
numa viagem em torno de mim.

Só fui ser poeta aos 60 anos.

Sei agora o que significa a poesia
por isso tenho no rosto o espanto
e na boca
as palavras que não sei dizer.

POEMA

Que me sinta assim morrer antes da primavera
como se a querer sentir o que não sinto
como se a sentir o que não tenho e o que não me dera
a dizer da verdade o que de certo apenas minto.

DESTINO

Para Gema Galasso

Pois que nesse infinito o mar se fez na face
tormenta de cortes de embarcações perdidas
a nau ao longo das águas a bater rochedos
náufrago que sou à deriva de mim.

Não fora este o pensamento que anoitece
entre as pedras do fundo do espelho
fonte sem luz a emergir temporais
no tecido deste destino de navegar sempre.

E assim a navegar sempre ao encontro do nada
ali onde se deixa o gesto invisível do dia
onde as folhas secam na clemência do tempo.

Pois aqui se faz a sorte de ser pescador de sonhos
como se me fora dado sentir distâncias
onde não me vejo e de mim não me aproximo.

SOMBRA

Esta a sombra que jaz no abandono
o simples pássaro que esvai a vida
como se assim pudesse em sua descoberta
voar a existência pelas quintas de outro firmamento.

Pelas quintas de outro firmamento
assim voltasse a si
o pressentimento que se deixa esquecer
num voo sem volta a entardecer os vitrais dos templos
o que de silêncio perdura no olhar das imagens.

No olhar das imagens
pudesse esta sombra caminhar receios
que a tarde se faz imensa
nos potes antigos da ausência.

Nos potes antigos da ausência
este é o pranto que se vive por dentro
como se a viver
fosse possível silenciar clemência.

A CASA

Pelo espaço derradeiro da casa
a me perder entre varandas e salas
me deixo ficar
no quadro invisível da parede
sons de flautas antigas
violinos no quintal
onde insetos observam nascer o dia
o jardim molhado
de sombra e esquecimento.

Faz tempo que passou a vida
a se deixar nas gavetas
os óculos sem imagem
o livro sem palavras.

Caravelas descobrem o oceano da mesa
e navegam presságios num azul incalculável.

É então o instante de abrir a porta
entre as cortinas e a memória
a estrela que se apaga no teto
o céu de antigamente
que não há mais.

MARINHA

Como um navio este olhar debruçado em mim
a ilha antiga de portos brancos
navegador a atravessar oceanos tardios
embarcações noturnas no plural das palavras.

Perto está a ave desta manhã sem partidas nem chegadas
a nuvem presa à âncora do dia a observar o tempo
o sal destas águas longínquas espuma de ausências
os óculos no espaço deste mar que escorre pelos azulejos.

Distante a terra a chegar descoberta dos ventos
entre os trigais de água e peixes doloridos em escamas feridas
concha a guardar segredos das estrelas mortas no horizonte
espelhos quebrados de rostos aflitos.

O mar esconde esse mistério que me alcança
como um navio que entra pelo olhar
velas pálpebras do olho no longe no esquecimento.

POEMA

A poesia já morreu
mas nem tudo está perdido
quase nada se perdeu.

Pessoas antigas percorrem minha sala
como se a descobrir o que não tenho
a caminhar meu quarto
a casa em que me reservo em sobressaltos
aqui me faço e me desfaz a vida
como a colher do espaço
essa espessa procura pressentida.

Entre soluços e receios o poema nasce
ao tempo que se apaga e se revela
como se fosse assim e em mim calasse
a reinar a vida num calendário
esse guardar a alma num estojo
relíquias tais que não se guardam mais.

Eis o poema que também morre:
toda forma de morrer
pode ser uma forma de poesia
as horas a cada minuto a engolir a tarde
colher no enternecer a sua chama
esse poeta que fala pelas ruas
em busca de si e que por si clama
bailarina a invadir recintos
os passos da dança
no fogo dos labirintos.

A poesia é morta no poema
e o poema se faz com palavras derradeiras
como se fosse um oceano seco
de barcos perdidos para sempre
na geografia de tudo que se ausenta.

Pegar estrelas no firmamento
e povoar palavras como semente aos pássaros
mulheres essas musas no meu tormento
como se assim fossem eternas
e na eternidade de tudo calassem as vidas
as folhas das árvores ternas
as que nasceram sozinhas
e as que em mim são consentidas.

Não falem as divindades
que cercam as palavras
já que o poema se perde em versos vis
desse verso que não se fala
poesia morta que o poema quis
na poesia que se cala
o poema contradiz.

Não me seja essa face na aridez do tempo
mulheres antigas na poética da vida
com as mãos entre os seios
a boca amarga a colher receios
o rosto a ornar os templos
essa canção de nascer distante
a calar acenos de apelos líricos
que do lirismo nascem as asas
no voo das aves a cortar o céu
na piedade da poesia
em que se faz a face em sua máscara.

Não me seja
esse entardecer do tempo
guardado nas pedras e nas idades
não me seja
a colher as flores desse horto
estendido no fundo dos quintais.

Cala a poesia
o colo no que se procura
tempo de desdizer o que não foi dito
a mão que o braço segura
este pequeno espaço do infinito.

São mortos
todos os poemas no esquecimento
como se a calar as palavras na mudez
são mortos como morta
é a poesia em seu tormento.

Toda morte em todo verso
em cada poema a morte lida
cada palavra a morte viva
a poesia para sempre fenecida
morta a poesia que se apaga
equivale dizer morrer a vida
o tempo a passar nos parques
a poesia se volta onde não existe mais
tudo é inútil no poema que se invente
a poesia finalmente morreu:
os poemas juram, o poeta mente.

IMAGEM

Que não seja assim partir para sempre
entre as folhas de celofane das árvores
onde vivem os mares em que me perco
a decorar o aceno inútil que em mim padece.

Que não seja retornar os rios que se perderam
nessa palavra nítida que há na prece
como se a inventar a distância permitida
aquela que se elabora e se esquece.

Que não seja o gesto tênue no espesso
passo do rumo incerto das partidas
quando se fecha a porta entre as agulhas e a lã
a face que cala no tecido que não tece.

Que não seja esse morrer-se na tez do tempo
como se a descobrir a vida nas ausências
a imagem incerta que nunca acontece.

POENTE

O sol morre
e faz
a noite
ser.

POEMA

Para Sílvia Helena Nogueira

Pois neste tempo trago em mim
as águas dos oceanos
no meu descobrimento
como se a partir sempre
e a chegar às vezes
à noite quando há silêncio.

Pois assim retornar à terra
e avistar o mar e as gaivotas
aves que me aguardam
a remar novos continentes.

Que me espere a nau no porto
náufrago de mim
a consolar-me distante
a descobrir ausente o que me fere
embarcações que calam no espelho
como rios partindo
para lugar nenhum.

POEMA

Escrevo o poema
como quem mergulha no mar
para morrer.

Inútil sina o tempo que escorre
no calendário que finda.

Marca a cicatriz da face
na faca aguda do fim.
Como se mergulhasse no mar
onde Portugal inicia e acaba
a memória de mim:
árvore árida na planície de água.

NO INÍCIO DA NOITE
Para Carlos Gilberto Alves e Laura

Deixou-se no quarto de espanto
estar entre a memória e o esquecimento
deixou-se passar no seu passeio
dentro de seu vaso na sala
onde dormem os receios pelos temporais.

Na alma dessa pedra
vive a afronta dos espelhos
nas folhas das plantas
nos olhos dos insetos.

Vive no cerne da palavra
o poema que salta da boca
e quebra a espera por nascer.

Deixou-se findar entre as cadeiras
como se a procurar por seus dedos
na alma dessa pedra
onde a terra se ocupa das sementes.

Foi assim como esse dia distante
que deixa de existir
e desaparece nos quadros da parede:
morreram em si algumas ausências
costuradas na pele
alguns passos junto à porta
onde colhia estrelas imaginárias.

Depois deixou-se voar para a morte
como voam as aves no início da noite.

FINAL

Visto a blusa da manhã
como se a colher algumas frutas no quintal
cartas derradeiras se desfazem
avencas quietas ao pé do muro
crescem para dentro
caracóis se perdem entre as folhas
três ou quatro formigas se observam
e a manhã se esvai aos poucos
entre o sol que não há
e a tarde que não vem.

OS NAVIOS

Para Maria Isabel de Castro

Partem daqui os navios mais antigos
do avesso das sombras
oceanos perdidos na fúria das palavras
essas que se escondem entre o lábio e a língua
que se fazem como pratos partidos nas mesas.

Partem dos portos esquecidos
os navios mergulhados em naufrágios
como se engolidos no espanto

esses navios que se perdem distantes
partem como se não fossem eles a partir
ausentes nas águas.

Partem daqui esses navios que cortam o poema
com o gesto urgente de quem vai morrer:
assim como nuvem de vidro que se quebra
aves aflitas no alpendre da tarde.

MOMENTO

No entanto
nada se perdeu entre os navios nas brumas
esse esquecimento das aves sem voo
e o fundo negro de um mar invisível.

O corpo de porcelana se quebra nas palavras
e as palavras morrem à boca.
Sapatos antigos caminham quietos noites inteiras
no espelho branco das esquinas
na rua Miguel Torga em Coimbra
onde o poema adormece ao pé das árvores.

Ovelhas cortam as montanhas
e mastigam as avencas junto às casas
e às janelas do instante que pressente.

Há de renascer a planta junto à pele
onde dormem os insetos como se a descobrir
o gosto exato da terra.

Depois será como há de ser.

FOTOGRAFIA

Nessa fotografia
perdem-se os chapéus dos antepassados
os rostos apagam palavras mudas.

O paletó de meu pai era azul-marinho.

Atrás
uma igreja de Coimbra se desfaz no tempo.

Os olhos são calmos como dos mortos
e não veem os rios
que escorrem por baixo das pontes.

Nessa fotografia a alma está ausente
nas pessoas caladas como são caladas
todas as pessoas nas fotografias.

O tempo morreu nessa tarde que não existe mais
como se estivesse ali naquele instante para sempre
como se não fosse o que é
nesse olhar de todos para o esquecimento.

POEMA

Porque parece a tez do oceano
o pano da tarde estende caravelas
no fundo do poema
como se nascessem ali
onde o mundo termina.

Porque nasce no que se ausenta
o oceano se perde
no fundo do verso
como se morresse ali
onde o tempo se esvai.

Porque não se percebe
a palavra se contém
no fundo da boca
como se fosse ali
onde a alma se exclui.

SERVO

Sirvo o verso como um servo
sacerdote das tardes que me faço
a colher palavras nesse campo
camponês do poema e do universo.

Sirvo de mim o cálice de vinho
como se numa cerimônia de despedida
e a servir também me sirvo
desse copo a dor que tenho devida.

Servo sou e sirvo o verso solitário
dessa poesia que não sente
o que pensa o servo em seu sacrário.

É se morrer na colheita o seu momento
que não sabe esse poeta que o servo
serve seu último verso do sentimento.

6 ATOS
1. Rei

Estava o rei solitário
a contemplar sua vida
a concluir seu diário
e a morrer sem despedida.

2. Rainha

Estava a rainha alerta
à porta da realeza
a face morta coberta
do que restou da beleza.

3. Príncipe

Ficou o príncipe herdeiro
sem saber o que fazer
e a sonhar o tempo inteiro
também se pôs a morrer.

4. Princesa

A princesa então partiu
perdida na própria sorte
nunca mais ninguém a viu
a procurar pela morte.

5. Reinado

Foi o fim desse reinado
sem príncipe rainha ou rei
sem princesa sem passado
a tantos sonhos velei.

6. Súdito

Sou servo não cavalheiro
sem arma nem armadura
sou o súdito derradeiro
que entre os mortos se mistura.

PORTUGAL

Ao povoar o poema
com as imagens de Portugal
faço apenas o caminho de minha volta
assim mergulhado
na pele de minha roupa
costurada debaixo de mim.

Apenas regresso à reminiscente
face do tempo parado no rosto
o poema a nascer
como nascem as plantas nos vasos
as avencas junto à porta
ovelhas brancas
a caminhar entre as pedras
este dia derradeiro.

PASTOR – 1

Pastor à procura de caminhos
sou assim
entre a tarde e o fim de tudo.

Sou assim a procurar ovelhas
pastor nas montanhas entre insetos
assim
entre o fim de tudo e a noite.

Pastor de mim
a caminhar sandálias
entre o cajado e a descoberta
a ovelha que volta sozinha
na lã de seu destino.

PASTOR – 2

Dos anos longos entre procuras
guardo o sol das montanhas
a lã do dia tecida em brumas
o dia em brumas tecido em nada.

Guardo do longo tempo
a caminhar sozinho
o que me foi dado
no destino das sandálias
algumas estrelas perdidas no céu
três ou quatro flores da planície
dálias talvez jasmim
e um cajado sem rumo
para não me perder
em volta de mim.

FAROLEIRO – 1

Faroleiro nos oceanos
ilumino almas
dessas que se perderam para sempre.

Ilumino a lâmina das almas
a alma das lâminas
que permanecem perdidas.

Faroleiro no mar e nos musgos
ilumino estrelas cadentes
no fundo das águas
dessas que não refletem o céu
e se perdem nas ostras.

Ilumino almas esquecidas
como se a me salvar de mim.

Nada ilumino que me revele
senão este seguir submerso
entre a alma e minha pele.

FAROLEIRO – 2

Faroleiro no mar de enganos
caminho águas no fundo de mim
como se a iluminar distâncias
tão distante estou dos oceanos.

Não me sei faroleiro nem me vejo
a navegar caravelas no esquecimento
este avistar as aves que se batem
a se matar no meu lamento.

DOIS SONETOS PARA INÊS DE CASTRO

1.

Trazei o que vos resta linda Inês
o vosso xale nos ombros perdido
trazei o que de vós clama no peito
como se a viver o que não viveis.

Trazei em vós a morte que consome
esse destino de seguir sozinha
o vosso amor que se desfaz na face
e sublime mais cresce em vossa fome.

Trazei esse silêncio em vós contido
como se a colher no fim da vida
o que nunca vos fora prometido.

Esquecei no mais duro esquecimento
o que de vos lembrar já não se pode
o pressentir vosso pressentimento.

2.

Não me venhas Inês colher as plantas
nem me tragas a tarde em tua face
não te sintas Inês no chão que pisas
na fuga a tua vida em desenlace.

Não morras Inês nem cesses o canto
dessa espada que escondes no teu peito
esse ferir a manhã com um corte
esse morrer a noite no teu leito.

Não me venhas Inês em teu soluço
colher a vida que te foge e te consome
entre as flores da morte em tua ausência.

Não venhas mais Inês que já é tarde
na própria dor que te anula e te fere
a clamar da vida tua clemência.

PARA TÃO LONGO AMOR TÃO CURTA A VIDA RAQUEL

Também a mim essa Raquel me fora prometida
de tal sorte que permaneço nesta minha espera
como se a acudir-me no final das tardes
entre portos e navios que não partem mais.

Também me fora prometida essa pastora
de ovelhas brancas a caminhar esquecimentos
de tal maneira que na minha crença
cresce ela na imagem do seu silêncio.

Fora a mim prometida essa Raquel a olhar-me
como se olham os homens em aves transformados
ao escurecer a planície ampla do firmamento.

Como se fosse assim essa Raquel que me habita
os labirintos em que me perco a esperá-la
como se assim fosse no meu pressentimento.

LIA

Essa mulher que em mim se estende
não sabe de si o que é desejo e o que é calar
essa mulher a quem não quero se faz imensa
e a tarde se engole como se a me dizer o que pretende.

Não a quero e sim a outra venho em busca
como a suplicar-me por dentro sua presença
de tal maneira que a invento no meu silêncio
como se me fora enviada por sua crença.

Não trago em mim as palavras que me matam
para ao saudá-la morrer com ela
a olhar os campos sem Outono e Primavera.

Tenho o olhar na outra que não sabe de mim
e que comigo atravessa os dias a colher sementes
sem saber que colhe na vida o meu próprio fim.

LABÃO

Sirvo a esse senhor que a mim prometera
essa pastora que guardo entre as ovelhas
como se em mim permanecesse presente
mas fugidia está ela a morrer em mim.

Não me sei senhor sem ela a dizer comigo
os caminhos que me levam para si
como se me fosse assim a vida a descobrir
no tempo em que sirvo para tê-la.

Mas se me é negada essa mulher
e se dela não posso merecer o amor
por vossa cautela que me fere

talvez não mais possa sonhá-la por esse pecado
de tal desejo em mim a invadir o pranto
e assim morrer a vida que pensei viver.

JACOB

Por ser eu o que espera entre os passos
e por ser assim a vida que se apresenta
deixo que escorram as palavras dos dias
nesse esquecimento em que me deixo ficar.

Pastor que sou sirvo por sua contemplação
a juntar receios nos aventais das brumas
e a esperar sempre que me venha seguir
nos dias em que noites vivo em desalento.

Servirei o que possa para conquistá-la
como se a guardar em mim o que não posso
tão pouca vida tenho por seu merecimento.

Trago meus enganos na face em que a vejo
e assim morro por ela em tanta espera
pastor que sou a me perder no esquecimento.

POEMAS PARA A RAINHA

1.

Ao matar-me em mim aos poucos
desconheço a dor que tece o que me passa
essa imagem que se desfaz no tempo
e ao tempo tecido se enlaça.

Nada sei dessa rainha que me surge à fonte
como se a percorrer o mundo com seu dote
a se oferecer casta em seu silêncio
a me matar por dentro em sua sorte.

Quereis de mim o que não tenho
na espessura branca das manhãs
o que não trago em mim em vosso nome.

Guardai de mim no entanto o que mantenho
esta jura que me fazeis em horas vãs
que me aflige tanto e aos poucos me consome.

2.

Estava essa rainha a calar a tarde em seus seios
quando ao ver-me de mim fez seu escravo
como se me fosse possível calar seus anseios
eu que de mim por mim fui esquecido
que planto a noite como a plantar receios
a prometer a vida sem nunca ter vivido.

Estava essa rainha a calar silêncios
quando ao ver-me de mim fez sua ausência
como se fosse viver nela o que me queria
seu leito de procuras em seu desgosto
o tempo de partir com uma noite
a escurecer as tardes buscando o dia.

Estava essa rainha assim a ver o mar
da janela fechada na distância
quando ao ver-me de mim fez-me seu rei
eu que de mim me fiz perdido
ela rainha que em minha alma se deixou
a contemplar esse reinado que sonhei.

3.

Que não me seja o amor o certo engano
de me esquecer em mim já esquecido
e nesse esquecimento eu viva o dano
como se amor houvesse sem ter havido.

Que vos contemple em mim o sentimento
de vosso peito branco em ser rainha
em vossa pele o manto em meu alento
em vossa face triste a face minha.

Que não me seja a descoberta aflita
de não vos achar no meu caminho
não seja o pranto a luz que vos reflita.

Assim me deixo estar no que pressinto
em vós a ausência a me seguir sozinho
tão grande é esta dor que já não sinto.

4.

Se partistes de vós assim sozinha
sem que eu pudesse em mim mudar a sina
deixai então viver na morte minha
a dor que em mim começa e em vós termina.

Somente súdito de vós me vejo
como se me bastasse tão pouco ser
mas negais sempre servir meu desejo
enquanto sirvo a vida sem viver.

Vivo sem mim na morte dividido
a vos sentir sem nunca ter sentido
o aflito beijo roubado de alguém.

Pois se é assim em vós medir a vida
nada mais sei da dor como medida
já que me deixo só por ser ninguém.

5.

Eis-me por vós em duelo
sem conhecer as armas
e saber que somente morrerei.

Eis-me a me pôr pela manhã
entre o vale e o rio
a escolher espadas
para uma luta sem fim
a ver-me a atirar a esmo
para que me acerte fatal
vosso destino.

Eis-me por minha rainha
por ser vosso súdito
apenas a claridade da manhã
que me foge em vossa face
e me faz morrer aos poucos
ave que me faço

a não voar
entre o abismo
e o voo
de vosso pranto.

Eis-me
a disputar a vida
com o amor em mim ferido
esta capa noturna
a cobrir os navios
das minhas partidas.

Eis-me rainha
de quem me despeço
no derradeiro dia por nascer
como se fosse assim
a vossa sina
me olhar distante
na vida que não pude
na morte que não quis.

6.

Deste vinho vejo a tez vermelha dos dias
porque me culpais das incertezas da manhã.
De nada me resta da ostra do tempo
senão a brancura que não sei onde termina.

Do pedido póstumo pudera em pedra partir
para os pátios perdidos nas preces das palavras
a paz que se padece à parte do passo que para
o punhal que pungente pune o pranto.

Não me descubra em mim o rosto que se cala
já que o tempo atravessa o mosteiro das sombras
nem em mim se faça a face das ovelhas distantes.

Não se faça em mim o templo que me corta
na imagem dos santos em altares
que em mim padecem pedindo para viver.

7.

Que pudesse ouvir de vós este disparo que me acerta
de vós esta tez que vos consome o pranto inútil da morte
se me fosse aberta a porta destas pátrias esquecidas
a vós somente calaria a face branca destas aves.

A vós somente buscaria as fontes das chuvas
no vestido que me destes nas tardes de alegria
os passos de vosso gesto neste ferimento de sombras
o lábio que some na boca no beijo que vos grita.

Que pudesse aos cavalos do jardim doar as flores do tempo
já que assim me faria um fidalgo de meu caminho escasso
o retrato de vossos dias envolvido em vosso manto
esse mar de peixes no rumo incerto dos oceanos.

Que me fosse dado esse momento de vossa busca
de vós essa palavra em vosso véu no avental do esquecimento
que me pudesse em mim reinventar a vida que não quereis
o altar dos templos em que vos venero a morrer em mim.

8.

De vosso riso o branco gesto que vos contempla
no risco fundo que corta o que se sente
a aspereza da dor na áspera palavra do tempo
os pés de alface nas avencas que renascem
quintal de esquecimentos que me cerca
em busca de mim como se assim me seja viver.

Não me surpreenda vosso tormento
nem a distância que marca a nau no seu naufrágio
o passar em mim a faca que vos fere
e em mim caminha o corte sobre a face
o Outono que não existe mais nas folhas
o dia que desaparece no disfarce.

Não me fui assim contemplado em vossa luz
essa essência da claridade neste sentido das sombras

a água nítida a escorrer rios derradeiros
a palavra a morrer em vosso consolo
gesto de calar os passos no sal do olhar
navios que fogem obscuros nessa paisagem.

Não há tempo nem existe a frase nem esse aceno
de acenar as velas no instante em que o mar se cala
os mortos não sabem desse destino algoz
que vos fere o ferimento
como se assim fosse esta manhã
a porta que vos fecha o firmamento.
Pois assim é o tempo que se revela
vosso xale antigo na escuridão dos oceanos
o sentimento que escorre nas torres das igrejas
o desvendar-me em mim como se me fosse possível
entre o musgo e os gafanhotos
nas uvas vermelhas do quintal.

Não se cale o oceano que se esparrama na mesa
caravelas que partem entre gaivotas aflitas
sem o merecer talvez me salve nas cordilheiras
países perdidos no amarelo do tempo
vossa palavra que não alcança a vida
e se anoitece em si como se a noite fosse aqui.

Do lábio rubro esta pedra a seduzir o instante
cálice que se quebra e cai entre os móveis
sapatos sem rumo a caminhar distâncias
assim vos vejo em mim a desvendar ausências
árvores caladas junto às cercas
o cipreste de vosso rosto no corte da cicatriz.

9.

Está a morrer este momento
o sol que vos apaga no rosto
resta agora cumprir a vida
esse rasgar a existência como a um pano.

Deixai-me ficar com os dissabores
esse pressentir não sei o quê
em instante algum me descubro
a ver toda a dor do que se espera.

Deixai-me em mim morrer o que me fiz
a me perder com uma estrela no bolso
notívaga sombra do que me sou
a olhar-me daqui nas aves no mar.

Deixai-me ficar para sempre
como se não me fosse possível
estender os dedos brancos
nas velas das embarcações
essas que partem
para nunca mais voltar.

10.

Que me venha em mim
somente esse tempo esquecido
calar a voz que me trouxestes
o colar de pérolas
dos oceanos que não me destes
nem tantas palavras
que inventastes no aceno
de branca feição no mundo que se perde
o timbre apagado na boca
a chamar-me a mim que não escuto
este estar na vida estando em luto
nessa nau que pressente
no esquecimento
esse gesto inexistente.

11.

Pois que assim em vosso seio
saio a semear meu pranto
como se me pudesse dizer que o semeio
a semear em vós o meu espanto.

Pois assim é na claridade de vossa casa
a porta que a bater passo a vida
e se anda em mim a vida que não passa
planto em vós minha dor que está perdida.

Pois é assim esta sina de quem espera
e ao tempo da espera se deixa morrer
no fundo de si como se ali sempre estivera.

Pois é assim em vossa face a amargura
como se em mim estivesse a merecer
este mal que me aflige, que não tem cura.

12.

O engano que por vós cometo mais
em vós se cala e louva o sentimento
pois em mim cometeis enganos tais
que a dor que em mim resguardo é vosso alento.

Trazei então na face o véu da morte
e assim matai em mim o que não morre
de tal sentido em mim calai a sorte
a dor que em mim só fere, a vós socorre.

Vinde rainha que não tenho em vida
a me morrer por morte em mim devida
senão sofrer por amargura vã.

O pressentir dos dias no lamento
a vos sentir no meu pressentimento
o amor que vive o fim, sem amanhã.

13.

Ao vos ferir também a mim me firo
em vos pedir perdão do que não fiz
a procurar em mim no meu retiro
o que em prece se pensa e não se diz.

Jardineiro a tratar vosso jardim
planto manhãs sem cor nem florescer
e ao pôr na terra a planta enterro a mim
que não me importa a vida a padecer.

Assim me passa o pranto em vós distante
sempre a morrer o tempo já desfeito
que tudo jaz no fim do esquecimento.

Por vós me mato agora e a todo instante
como se assim me fosse por direito
apenas ter de vós o meu lamento.

14.

Ao vos deixar na cama
bem sei da minha sina
esse amor que vos destina
o esperar nascer o dia
vosso sonho que me chama
apelo que silencia
o abrir devagar a porta
a luz que eu vos devia
que ao cortar a pele corta
essa luz que eu não sentia
nesse sol em vossas coxas
a noite que eu pretendia.

15.

Por serdes vós quem sois em mim rainha
dona de tudo que me cerca e vive
por serdes vós quem sois em mim sozinha
sonho-me assim a vida que não tive.

Porque não sois em mim o que vos peço
o nada que vos tenho em mim é tudo
assim a me tecer a vida teço
quanto menos me dais mais eu me iludo.

Tudo que vos pertence em mim termina
mesmo não sendo eu rei em vossa cama
nem tampouco de mim sou meu senhor.

De tal forma que a sorte em mim lastima
o meu destino enquanto a vida clama
por vós lascívia, por mim pudor.

16.

Não me imagino ser o vosso rei
nem de vós quero o dote soberano
apenas clamo em vós o que serei
a me salvar de mim o vosso engano.

Não me fazei ausente em vossa casa
nem de vós me façais somente um servo
pois que me cobre a dor por vossa causa
tirar de mim o que por vós preservo.

Não sei em mim no entanto o que se cala
no apelo que murmura em vossa fala
esse desejo aflito de esquecer.

A mim me basta o que por vós pressinto
e ao me deixar da vida a vós não minto
em vos pedir razão para viver.

A memória do pai

Coimbra, 2006
(Editora Palimage)

Comigo me desavim,
sou posto em todo perigo;
não posso viver comigo
nem posso fugir de mim.

Francisco de Sá de Miranda
(1481-1558)

Ao meu pai, Álvaro, que nasceu em Lobito, em Angola, no dia 9 de julho de 1914, e que depois de morrer no dia 23 de maio de 1973, em São Paulo, Brasil, levou-me a descobrir Portugal, a começar por Coimbra.

Àqueles senhores e senhoras sentados junto à porta de suas casas, no entardecer de um domingo, 22 de maio, em 2005, em Idanha-a-Nova, entre os quais vi meu pai numa imagem que nunca mais vou esquecer, ali sentado entre eles, vestido com seu paletó azul.

A todos os meus familiares que vivem em Portugal, em Anadia, lembrando minha mãe Lucília, nascida em Famalicão, que, com 91 anos, vive comigo no Brasil.

A todos os meus amigos da Oficina de Poesia da Universidade de Coimbra – incluindo o editor e poeta Jorge Fragoso – dirigida pela querida Graça Capinha.

Este livro começou a ser escrito na madrugada do dia 23 de maio de 2005, em Idanha-a-Nova, na Beira Baixa, onde estive para as comemorações dos 800 anos da cidade.

Álvaro Alves de Faria

A MEMÓRIA NA PALAVRA

Álvaro Alves de Faria chegou a Portugal, pela primeira vez, em 1998, para participar do 3º Encontro Internacional de Poetas da Universidade de Coimbra. Mas, afinal, talvez isso não corresponde à verdade... Desde seu primeiro livro publicado em Portugal, 20 poemas quase líricos e algumas canções para Coimbra, que este poeta descobre e nos descobre que a sua primeira chegada ao nosso (seu) país aconteceu há muito tempo. A memória dessa e de todas as sucessivas chegadas a Portugal apresenta-se uma vez mais nesta sua obra. Mas é também a dolorosa partida, que qualquer chegada traz consigo, que aqui podemos ler – na figura deste pai, em metáfora de Álvaro, feito oceano – da memória na palavra. Nele, uma ancoragem sem ancoragem, lugar de múltiplos e complexos caminhos de encontro e perdição, imagem a sépia que encobre e descobre uma rizomática e híbrida construção identitária de raiz inventada. Este pai constrói-se assim como uma "língua-mar" onde toda a história e todos os outros pais-poetas da grande tradição portuguesa habitam, permitindo um "entre" ser e estar que desfigura para que este sujeito lírico consigo se pareça. Irremediavelmente lírico, diz Carlos Felipe Moisés no seu prefácio. Em um trabalho de experimentação neoformalista, Álvaro Alves de Faria deixa-se atravessar pelas várias vozes da poesia portuguesa que o ferem e o contemplam. Nesse gesto nos oferece este poeta também a nossa própria refundação.

Graça Capinha
Faculdade de Letras e Centro de Estudos Sociais
Universidade de Coimbra

A MEMÓRIA DO PAI

Este longo poema que se desdobra em vários representa o mergulho vertiginoso do poeta na fresta imponderável do Tempo, em que a verdade de toda uma vida se lhe revela à consciência ao mesmo tempo lúcida e alucinada, pois que enleada em conquista definitiva e em perda irreparável.

Seu compasso elegíaco diz logo a que desígnios responde, já na abertura da série:

> Meu pai
> nunca soube
> que eu morri.

Vida, morte e consciência aí se cruzam e se enovelam, na tentativa inútil de apresar a fragilidade do instante irrepetível, preservado da voracidade dos acontecimentos, mas que só ganhará algum sentido quando e se projetado para fora das malhas do Tempo. Só então será possível saber que nada se passou e nada se passa, porque tudo continua a passar.

Convertida em memória, por obra dos fatos e da vontade deliberada, a imagem do pai ausente põe a nu a matéria de vida plena que sempre a formou, e por isso passou despercebida, vindo agora, trocado o sinal, a povoar o espírito do poeta, aturdido pela certeza da própria extinção.

Recuperada a partir de uma ou outra cena singela, a partir da banal delicadeza de um ou outro retalho da vida quotidiana, a imagem do pai desaparecido se converte no espelho dúbio onde se reflete a morte em si – não a morte do que foi, mas do que, pessoanamente, poderia ter sido e nunca chegará a ser.

Por isso o poeta alterna entre a evocação, que afasta, e a invocação, que aproxima e acaba por introjetar a imagem paterna. Assim, a vertigem da memória resulta em viagem ao interior de si mesmo, no encalço daquela vida plena que poderia ter sido e que se transforma em simulação da morte:

> Não sei dizer pai dessa alegria
> com que me falas
> nem sentir sei o desejo de viver
> que guardas em ti.

> Sei apenas da melancolia
> com que te calas
> a sentir em mim
> o que de mim nunca senti.

Não por acaso, o cenário predileto dessa evocação-invocação é o entardecer, no campo, como no comovente devaneio que começa

> Na figura desse pastor a olhar a tarde
> vejo meu pai.

Cenário bucólico, de indisfarçável extração literária, é onde o poeta reúne os seus nomes tutelares: Sá de Miranda, Camões, Garrett, Antero, Antônio Nobre, Eugênio de Andrade, expressamente referidos ou enviesadamente revisitados – aqui os redondilhos de um, ali as rimas ou as quadras de outro. Talvez sejam todos, na verdade, desdobramentos da imagem soberana de um Pai tornado sempre Outro, a partir da identificação com esse pastor anônimo, ao pôr do sol, metáfora multiplicada do Eu que parte ao encontro de si, a navegar as noturnas águas do "imenso rio a correr atrás da casa":

> O castigo de não me ser
> a olhar meu rosto mais velho
> como se ainda estivesse a viver
> minha imagem guardada no espelho.

A predileção pelo entardecer vem a figurar, então, com certeira simplicidade, a obsessão do poeta pelo instante fugidio, a passagem, a transitoriedade – aquele momento errático em que tudo perde os contornos e a nitidez, e as coisas já não são o que foram, mas ainda não chegam a ser o que finalmente serão, no instante seguinte, que mal se adivinha. Assim, entre ser e não ser, guiado pela memória do Pai, o poeta apreende a plenitude do seu eterno devir – que a ironia da rima única anuncia, quem sabe, como eterno retorno:

> quando penso em nascer
> sinto mais que envelheço
>
> e quando me penso lúcido
> muito mais me enlouqueço

quanto mais chega a manhã
mais em sombras anoiteço

quanto mais me desfiguro
mais comigo me pareço.

Em busca de si mesmo, em busca de suas fontes primeiras – que outros caminhos poderia trilhar um poeta irremediavelmente lírico, na posse de sua maturidade?

Carlos Felipe Moisés

1.

Meu pai
nunca soube
que eu morri.

Levantava-se às manhãs
e ia à terra e às ovelhas
e ao passar
pelo meu quarto
pensava-me a dormir.

À noite voltava
com as mãos cheias
de castanhas
e ao ver-me ausente
imaginava-me a navegar
oceanos distantes.

Jamais nos encontramos
nos cômodos da casa.

Meu pai
nunca soube
que eu morri.

2.

Só me dói deixar a face
debaixo das minhas pálpebras
onde dormem as palavras
que não falo mais.

O que me dói é não saber voltar
ao verso que não digo
é não sentir a manhã
nem saber abrir os braços
na tentativa de esquecer
o que esquecer já não sei.

O que me dói é permanecer na vida
por não saber como morrer.

O que me dói é a poesia
por ser da dor mais rara
essa alegria no meu avesso
ferida que nunca sara.

3.

Quando ouço distante esse bater palmas à porta de uma casa
como se fosse a mim que se acenasse uma visita
caminho entre as plantas do quintal
planície que se estende ao olhar de ausências.

Planto então a tarde a cavoucar na terra minha raiz
o tempo nos altares das igrejas onde me deixo
quando ouço distante esse bater palmas à porta de uma casa
como se fosse a mim que se acenasse uma visita.

4.

Reminiscente aquele gesto
de deixar-me ficar entre as plantas.

Era como se fosse a vida a calar pressentimentos
no vão escuro entre os alpendres.

Era dos sapatos antigos aquele rumo de ruas incertas
onde encontrava as primeiras palavras
sem saber o que viria depois
quando tudo já fosse de silêncio
no corte das facas
e nas frutas derradeiras.

Então foi o caminhar distante
depois que do espelho saltou a imagem
do paletó perdido nos ombros invisíveis.

Agora não me sei a colher os dias nos calendários
a janela aberta para o campo

como se nada tivesse havido
como se ainda tudo estivesse por ser.

5.

Sempre que me vejo ao final das tardes
saltam-me da boca aves feridas
como se fosse assim me conduzir ausente
entre aldeias longínquas
por dentro de igrejas
em pequenas ruas de pedra.

Assalta-me o que de mim foi esquecido
como se assim me fosse possível
encontrar o que de mim
está definitivamente perdido.

6.

Na figura desse pastor a olhar a tarde
vejo meu pai.

Nada sei dele que esteja guardado
apenas algumas palavras num poema
dessas que povoam o tempo
em nada transformado.

Sempre ao anoitecer chegam-me estas imagens
como um imenso rio a correr atrás da casa.

Nessas águas
sinto essa figura que tenho nas fotografias
algum rosto apagado nas dobras do papel
aquele gesto lento
na imagem clara do dia.

Na figura desse homem
que à minha frente afaga uma ovelha
e que ao pressentir a tarde canta

nesse pastor que olha o verde das montanhas
e caminha devagar a falar sozinho

na figura desse homem
a andar nas planícies de Portugal
vejo meu pai
pastor a caminhar no campo
a decifrar nos dias
as noites por viver.

7.
Quando fechei os olhos de meu pai
pensei nele no invólucro de seu corpo
como se estivesse a voltar
na vida que à minha frente findara.

As pálpebras claras e quietas
fecharam-se
como se estivesse eu a fechar
a janela de uma casa.

Quando fechei os olhos de meu pai
numa tarde de maio e de Outono
voltei com ele a Portugal
como se houvesse de ser assim
ele a voltar em si
para as ruas que lhe ensinaram viver
e que em mim calaram para sempre.

Vi então os barcos impossíveis nos oceanos
como se fosse exatamente assim
calar as aves das manhãs.

Quando fechei os olhos de meu pai
não sabia que também fechava
o que havia de música e de poesia
a descobrir o mundo
nessa alma invisível
que eu não soube guardar.

8.

Perde-se o olhar no oceano
é possível no entanto adivinhar
as primeiras aves no voo raso da vida
a face na água pai
como um espelho
onde o rosto se deixa
e se esquece
o barco que some distante
o olhar no oceano
que permanece.

Vem-me ao rosto um certo vento
de montanhas longínquas.

Vem-me à face um corte
a riscar a pele no espanto da tarde
e que adivinha o que está por vir:
então é possível medir
a ausência num temporal
que não se alcança com o olhar.

Vem-me à frente nestes instantes
o fundo do nada
onde dormem os receios
um certo sentimento
que não pertence à vida
nem ao que morre
sem saber.

9.

Escrevo um poema
como se arrancasse de mim
a música que não sei
e tirasse do bolso
um punhado do ausente.

Assim escrevo a tirar de mim
o que não começa nem termina
como um salto no escuro.

Escrevo o poema
como uma carta de despedida
já que sempre me despeço
sem saber ao certo
o que é sentir palavras
no barco em que me deixo morrer.

10.

Quando em noites mortas
me vejo diante das fotografias
volto em mim
onde a vida para sempre adormeceu.

Quando nas noites aflitas
acordo diante do mar
meu pai caminha redes no quarto.

Às vezes penso que não é assim
nem vejo no quarto meu pai
a caminhar redes no escuro.

Não é assim
senão essa palavra muda
na imagem que se desfez.

11.

Não sei dizer pai dessa alegria
com que me falas
nem sentir sei o desejo de viver
que guardas em ti.

Sei apenas da melancolia
com que te calas
a sentir em mim
o que de mim nunca senti.

12.

Nesse pomar entre as pedras do chão
vive a memória quase esquecida
como se esquecer fosse a sina das pessoas.

Vivem nessa terra raízes antigas como os oceanos
navios que partem sempre como a decorar uma sala.

Vivem os pés de uva nas mãos de mulheres a cantar
e a colher nessa música
os apelos quando a tarde deixa de ser.

Então descobre-se um porto ausente
tantos destinos nas escamas dos peixes
a cesta posta com as frutas que caem das árvores.

Desse pomar entre as pedras do chão
colhe-se um beijo esquecido na face
copo derramado na planície da mesa
antiga memória de não ser mais.

13.

Pai
tenho nas mãos
um cravo vermelho
mas me dói no peito
uma dor profunda
como se fosse partir.

Dói-me saber
que tudo é inútil
na noite imensa do nada
este pano a cobrir os olhos
e vêm-me à face esta alegria
e estas canções ainda por dizer
um cravo vermelho
que no dia 25
se abriu.

14.

Quando ao me calar
em minha busca
na memória de meu pai
vinham-me à face essa cor de vinho
as oliveiras nos campos
e os olhos brancos dos rebanhos.

Vinham-me uma sombra antiga
uma música não sei de onde
a percorrer distante as folhas das árvores.

Então
ao me encontrar cantava
como se fosse assim viver
a olhar as uvas
os figos e a tarde
quando
me via em meu regresso
a caminhar em mim
o que em mim
para sempre se perdera.

15.

Que naquele tempo as manhãs se deixavam pelas casas naquele tempo então era possível rimar os poemas como se rimasse a vida em algumas palavras alguns gestos brancos numa tão imensa paisagem de torres de igrejas alguns passos em direção qualquer era assim que se fazia caminhar sempre nos rumos contrários ao vento era assim colher as sementes de árvores esquecidas na planície enorme sombra diante do olhar bem longe de tudo uma música que aos poucos crescia entre homens e mulheres danças de silêncio dentro dos corpos a poesia então era uma ameaça a cortar os pulsos todas as manhãs uma faca de ausências percorria a pele e se deixava viver entre a mesa e a escuridão do quarto era possível ouvir as aves a voar distâncias era possível calar na boca os apelos que nasciam não se sabe com que palavras com que súplica era possível calar as palavras hoje esquecidas no chapéu de um tempo inacabado como se inacabadas fossem todas as coisas todas as pessoas as mulheres quietas de xale negro nos ombros e um deus perene na porta como se a prometer a graça do dia a dizer que é preciso que é preciso que é preciso que é preciso que é preciso que é preciso que é preciso que é preciso que é preciso que é preciso que é preciso como se a dizer assim no esquecimento no que está por nascer entre as plantas nesse tempo Portugal era apenas uma fotografia na parede e algumas cartas na gaveta a poesia era apenas o espanto do que estava por vir o mar que engolia os barcos imaginados e deixava no sal das águas as marcas de ferimentos sem cura os dedos de unhas partidas a morte e o mar se misturavam no copo como se fossem uma imensa boca a mastigar tudo eram assim as primeiras manhãs de pressentir clemências qualquer perdão que perdoasse as palavras era então preciso cumprir a vida e seu destino como se nunca mais fosse regressar do tempo esse que junta as coisas e esquece tudo num pote de infortúnios essa morte de sempre ao entardecer quando as janelas se fechavam e deixavam que caminhasse a noite em mantos bordados com estrelas assim morrer sem que se perceba o que existe o instante da morte como se todas as coisas fossem banais num único momento como se fosse assim o poema derradeiro palavras mortas que terminam aqui.

16.

Havia um rio
atrás de minha casa
e sempre que dormia
a sonhar
ia-me à margem lavar o rosto
como se ali houvesse de verdade
esse rio
a correr atrás de minha casa.

Até hoje não sei por quê
sempre saía desse sonho
com o rosto molhado
da água desse rio
como se fosse
esse rio que corria
atrás de minha casa
que me esperava adormecer
para existir.

17.

O castigo que me imponho
me faz aos poucos morrer
proíbe-me lembrar de um sonho
que não consigo mais ter.

O que me imponho por sina
a viver este castigo
é saber que a mim se destina
não mais encontrar-me comigo.

O castigo de não ter-me sido
o que não fui a próprio dano
a vida sem ter nunca vivido
que só morri por meu engano.

O castigo de não me ser
a olhar meu rosto mais velho
como se ainda estivesse a viver
minha imagem guardada no espelho.

18.

Quando ao pé de uma árvore
se punha a lembrar palavras

quando ao pé da porta
se punha a partir

quando diante do mar
se debruçava

quando ao pé de si
se punha a se despedir

nesse exato momento
nada ocorria que não fosse
o esperado
como se assim houvesse de ser:

a vida escrita num poema
e o poema
sem nada dizer.

19.

Então ao entardecer pai
a paisagem se transformava
dentro de si mesma
tantos caminhos a descobrir
no tempo guardado
em cima do móvel da sala.

Como se de repente
tudo saltasse da moldura
a foto muda no bolso de um paletó
aquele chapéu
a guardar pensamentos
quando as palavras eram desnecessárias.

Quando as mãos colhiam avelãs
e cerejas vermelhas caíam dos galhos.

Assim era estender esse avental
como um rio a cortar as raízes
na cicatriz imensa do tempo.

Como se estivesse
a caminhar cajados
pelas montanhas
como se fosse assim pai
o que desperta e adormece
e ao adormecer despertasse
o que sempre se esquece.

20.

Sempre que me chegava à janela essa ave
trazia-me a tarde entre as asas e suas penas.

Vinha-me viver palavras esquecidas
falava em mim as canções mais serenas.

Eram tantas planícies para tantos altares
para tantas rezas tão poucas novenas.

Estas vidas ausentes para sempre perdidas
tão grandes distâncias em mim tão pequenas.

21.

Pai
como o poeta
do século passado
sou ainda o homem
que todas as tardes
joga grãos de arroz aos pássaros
do último jardim.

22.

Pouco sei desta memória
das vidas que desconheço

nem me sei voltar em mim
neste tempo em que padeço

a misturar todas as coisas
no que se mostra do avesso

nada sei do que me faço
nem da dor sei o começo

nunca vou onde me quero
nem me faço o que me peço

espero que chegue o dia
nesta noite em que me esqueço

minha palavra que morre
no silêncio mais espesso

vivo de mim a fugir
onde sempre permaneço

para dentro deste mar
onde em sonho me arremesso

de meu quarto sempre parto
a esperar por meu regresso

se viver é meu desejo
de morrer não me impeço

pouco sei desta memória
das vidas que em mim pereço

tantas mortes que perdidas
têm em mim seu endereço

os navios que partem breves
no oceano que escureço

este frio em minha pele
nesta blusa que não teço

quando vou ao meu encontro
mais em mim desapareço

ao fazer o meu discurso
as palavras emudeço

às vezes entro num parque
e ao ser feliz me entristeço

quanto mais me quero vivo
dentro de mim adoeço

não percorro meu jardim
pelas flores que feneço

vivo por mim a rezar
mas sempre destruo o terço

não olhar dentro de mim
é assim que me conheço

faço tudo em meu contrário
nesta escada que não desço

tiro o chapéu às pessoas
mas no gesto me despeço

só me vejo em minha ausência
encontrar-me não mereço

quando a andar evito as pedras
muito mais em mim tropeço

nada sei desta memória
no entanto resplandeço

assim se faz o poema
na medida que não meço

sei-me inútil na poesia
na palavra que adormeço

quanto mais explico o verso
quase nada esclareço

e quando me torno bárbaro
na verdade me enterneço

preciso dos meus cuidados
mas em mim me desguarneço

sei que a dor me mata aos poucos
mas com ela me envaideço

brilha-me o sol à janela
mas só a treva enalteço

no espelho em que me vejo
nada em mim me reconheço

falam-me os provérbios sábios
mas com eles ensurdeço

quando penso em nascer
sinto mais que envelheço

e quando me penso lúcido
muito mais me enlouqueço

quanto mais chega a manhã
mais em sombras anoiteço

quanto mais me desfiguro
mais comigo me pareço.

23.

Quando me fui de mim eu não sabia
que ao olhar essa casa em minha ausência
deixava-me nela ficar para sempre
a viver em mim por penitência.

Deixei-me como se deixam as pedras
que aos pés de um pastor se esquecem
para sempre num mesmo lugar
e que ao tecer a vida a morte tecem.

Não me fui aos oceanos em busca de partir
mas me deixei diante de um mar antigo
como se a descobrir tantos segredos
desses que não mais tenho comigo.

Não me sei agora a atravessar o tempo
nem guardar em mim frases perdidas
de um pai que escreveu cinco poemas
de imagens esquecidas.

24.

Quando se põe o sol no meu quintal
vejo meu pai a mexer nas plantas
com tal cuidado
que ao leve toque nas folhas
pede-lhes desculpas por talvez feri-las
assim com mãos inesperadas.

Depois o sol se perde na terra
com tal silêncio
que me é possível
compreender que o dia chegou ao fim
de tal maneira definitiva
como se eu nunca houvesse notado.

Salta-me então aos olhos
um rio imenso a nascer junto às plantas
a formar oceanos
com portos de partir
como nunca ninguém viu
nesse aceno de ir embora
sem perceber.

25.

Cala-me a imagem
de quem parte para o nada
e deixa ao pé da porta
a ninguém por endereço
uma carta sem palavras.

26.

Hoje penso ser dono de uma árvore
mas não sou dono de nada
uma árvore que me mostra a planície
colina que se estende
como um xale
ao ombro de alguém.

Como se fosse assim pai
permanecer à janela de uma casa
a observar as cegonhas nos ninhos
em cima da torre de uma igreja.

Como se fosse assim
pensar ser dono de uma árvore
e não ser dono de nada.

27.

Quando morreu Inês de Castro pai
eu estava lá com uma espada de fogo
a cortar por dentro o meu desalento
como se tirasse dela a poesia
e nela deixasse para sempre
o meu remorso.

Eu estava lá à beira de uma parede
dessas feitas de pedra
com uma lâmina de tanto corte
que a mim cortou as mãos
sem acenos e rumos.

Quando morreu Inês
eu também morri tantos anos depois
como se a morte não fosse segredo a ninguém
fosse como tomar um copo de água
apanhado num rio sem destino.

Morri do pranto íntimo de seu rosto pai
ao ver sorrir nela à boca um sorriso branco

para quem soubesse ver
no lábio vermelho um beijo perdido
mais de dor que de beleza.

A fúria em seu ferimento
que ferir tão funda ferida
foi fincar fatal essa faca
a fenda da flama fenecida.

Facínoras feras figuras flácidas
a farsa da foice feroz
que finda a forma do firmamento
e fecha o fascínio que floresce à febre
e faz da fome o fim em seu feitio.

Féretro frio no fosso que em fuga
afoga a face aflita de flagelo feita
frasco de fadigas
feixe de afiadas farpas.

Flauta funérea falsa fonte
fardo final da afronta
na sua fronte
na sua fala.

Eis enfim efêmera
a rainha em sua morte.

Eu estava lá com uma espada de fogo pai
e com ela me matei
dentro dela
– rainha
como se dela fosse o seu algoz.

28.

No entanto nada além senão a morte
como se assim não fosse a luz intensa
voltar atrás na vida como um corte
e ter na dor a minha recompensa.

E assim me ir a morrer sempre a tal sorte
que viver o possível não se pensa
deixar na imagem apenas o porte
do que não é nem foi e se dispensa.

E por assim dizer o tempo pede
este regresso a mim que em mim não cede
aquele que incessante se procura.

A vida que passada não existe
o nada que se busca e que persiste
nesta ferida atroz que não tem cura.

29.

    Em horas tais deixo-me ficar imóvel entre as sombras das paredes como se eu fosse uma delas a percorrer labirintos – deixo-me ficar assim em horas tais como se fosse em mim mesmo meu ser estranho a me dizer palavras que não compreendo – em horas tais deixo-me morrer como se assim me resgatasse a vida – deixo-me em horas tais entristecer-me mais para que me possa salvar-me de mim – em horas tais deixo-me percorrer pelas montanhas que me habitam por tanto tempo a andar ruas e rios tantos mares que me calam por dentro como a doer-me uma dor tão líquida como a saliva que me escorre à boca – em horas tais deixo-me esquecer diante dos livros e dos poemas que não consegui escrever a olhar para tantos poetas que por mim passaram a tropeçar receios – deixo-me em horas tais calar-me para sempre como se não fosse mais necessário dizer palavras ao espelho diante da face que me oculta – deixo-me assim em horas tais a comover-me por dentro percorrendo o olhar de Cesário Verde que me ensinaste pai a conviver com ele como se fosse a poesia esse milagre de todos os dias – deixo-me assim em horas tais a me dizer mais nada entre o espanto e o que não sei dizer – em horas tais não me sei assim como sou a me calar senão que regresso a mim enquanto posso antever o dia por nascer – em horas tais despertam-me remorsos antigos que não sei na paisagem nítida do oceano – em horas tais saio com meu guarda-chuva a percorrer calçadas como e assim cumprisse parte de meu destino e como se isso bastasse – abro a janela à noite em horas tais para ver as aves noturnas no voo do nada contra as paredes – não sei em horas tais de tantas ausências que se impõem nas fotografias mortas em cima dos móveis – em horas tais calo o soluço da palavra e adivinho a poesia que ainda hei de acreditar como se assim me fosse possível andar a colher palavras em horas tais – em horas tais tiro da terra o soluço de ais que doem no lábio cortado a escorrer o tempo em que se morre e se parte para distâncias que se perdem na memória – em horas tais calo em mim a fenda que salta da vida como a raiz escondida debaixo da pele – em horas tais faço por mim ausente meu rosto na porcelana esquecida – em horas tais caminho ruas no sentido contrário à vida e me deixo ficar alheio de mim – em horas tais imagino sair-me de mim como saem os pássaros das árvores para a morte – em horas tais deixo que salte o grito da boca para que o vermelho da boca esparrame as palavras sempre guardadas nos poemas mortos no pensamento – em horas tais deixo-me caminhar navios por oceanos nunca antes imaginados a naufragar os rumos que não tenho mais.

30.

Morreu hoje um homem em Portugal
como morrem todas as pessoas
olhos abertos à paisagem
e as mãos de pele espessa trêmulas
talvez por querer ainda acenar à vida.

Morreu hoje em Portugal
um homem
mas era um poeta pai
– Eugénio de Andrade
que foi em direção ao mar para sempre
a vestir uma blusa muito branca
para o escuro da manhã
como se calasse por dentro
tantos poemas derradeiros
tanta última vez.

Morreu hoje um homem em Portugal
como morrem todas as pessoas
em todas as partes do mundo.

Morreu sem saber que morria
os cabelos na moldura do rosto
sem palavra nem poesia.

31.

Não eternizo – enterneço
torno eterna a eternidade
mas nesse eterno me esqueço
por tão longa brevidade.

É assim que o tempo teço
a viver com brevidade
a memória desconheço
por tão curta eternidade.

32.

Em instantes assim
ponho-me a lembrar de coisas
que nunca aconteceram
mas é como se tivessem acontecido
porque delas me lembro
com a nitidez de uma ave
que empreende o voo para o fim.

Ponho-me então a recordar
das coisas que nunca foram
e que se existiram alguma vez
à minha memória não pertencem.

Navegador que não sou pai
Perco-me nos oceanos
e nos oceanos perdido
busco-me nas ostras e nas pérolas
com a alma à deriva.

Em instantes assim
em que me lembro de tudo
sem nunca lembrar de mim.

33.

Falam-me estas mulheres de uma vida
que não sinto por não me saber sentir

falam-me de alegrias parecidas com rios
a escorrer pelos azulejos nas paredes.

Mostram-me estas mulheres canções de Portugal
cantam em mim presságios nos lamentos
dizem-me poemas que se calam à música
como se assim me fossem viver esquecimentos.

Falam-me estas mulheres de amores perdidos
súplicas pela face a escorrer antigamente
um beijo que se rouba à boca
que só a alma por dentro sente.

Dizem-me palavras tais que não cabem na poesia
que não me sinto capaz de em receios repetir
como se a morrer me fosse a dizê-las sempre
para alguém que chega e parte a seguir.

34.

É possível recorrer à vida pai
nestas tardes que não terminam
como se a pegar nos livros as palavras mais tristes
dessas de Antonio Nobre
quando dizia de seu vizinho carpinteiro
do lúgubre Outono
e das águas cor de azeite.

É possível nessas horas recorrer à vida
como se fosse ela
um prato desenhado de se pôr à mesa
ao pé de uma escada
onde os passos se deixam esquecidos:

ah reminiscências feridas que sangram a memória
como as pombas a se aninhar nos alpendres das casas
que não seja este tempo da tarde esse navio que desaparece
nesse mar que termina sem avisar.

35.

Por ser de mim a minha parte inteira
caminha ao fundo o pai que em mim não chega
este voltar-me a mim e ao que me queira
o que em mim se declara mas me nega.

Ter nesse espaço a própria fronteira
o ser de quem se foge e a quem se apega
a palavra que salta derradeira
o que de mim se afasta mas me pega.

Não há então em mim o que almejo
o que se pensa em vida e o que se morre
esta memória antiga em que me vejo.

Regresso ao que não sei no meu início
já que em mim só a morte me socorre
por ser a vida apenas mero vício.

36.

Também queria recordar pai
uma canção que esqueci no meu passado
que me falava não sei mais o quê
perdido que está em mim
esse verso inacabado
do poema nunca escrito
mas que é sempre lembrado.

37.

Se me visse alguma vez a cantar
não seria por ninguém
talvez fosse para alguém
que está por vir.

Se me visse alguma vez a rezar
não seria por algum deus
talvez fosse em mim alguma prece
a me acudir.

Se me visse alguma vez a chorar
não seria por qualquer infortúnio
talvez fosse por estar na vida
a me fugir.

Se me visse alguma vez a chegar
não seria por meu regresso
talvez fosse para ver-me navegador
sempre a partir.

Se por fim me visse alguma vez a morrer
não seria por um destino
talvez fosse para percorrer a existência
sem existir.

38.

Sempre que me bate à porta
esse pressentir a manhã
vou-me ao pomar
colher a última avelã.

Sempre que me bate à porta
esse pressentir não sei o quê
voa em mim uma ave aflita
de asas partidas no fundo do céu.

Sempre que me bate à porta
esse pressentir um aceno
cai-me do teto uma estrela
que apaga no espelho
a face que não tenho mais.

Deixo-me então para sempre
no campo entre as ovelhas
sempre que me bate à porta
esse pressentir a manhã
em que me vou ao pomar
colher a última avelã
por sentir-me a esperar por tudo
e saber que a espera é vã.

39.

Poucas palavras me restam
neste inútil vocabulário:

Portugal está distante pai
como as gaivotas de que falavas
tão distantes como a vida
que por certo não viveste.

Mas sonhaste esse sonho
de ser sempre o que espera
a viver no frio das noites
o chegar da Primavera.

As palavras são inúteis pai
porque não cabem no sentimento
assim como o poema que morre
no seu próprio nascimento.

40.

Queria apenas
reconstruir o mar
e a seguir
deixar-me morrer.

Fecho à janela
minha face
e pela última vez
deixo no espelho
o rosto
meu único disfarce.

41.

Nestas viagens pelos mapas dos navegadores
Portugal é mais que a distância de um oceano pai
como se estivesse a partir sempre
a buscar-me por nunca me saber encontrar.

Os poetas portugueses falam em mim
a canção dessa poesia que me fere
e ao mesmo tempo me contempla.

Caminho noites antigas
e neste instante partem de mim aves noturnas
que não voltarão mais a este porto
as ruas de Lisboa
e esta igreja em que me deixo ficar
numa escada de Coimbra.
onde dormem meus poucos segredos.

À mesa pai
conto as ovelhas no campo
como se a dizer-me um poema
de Antero de Quental
que tantas vezes me fez viver.

Saltam da minha pele
um rosto de louça na imagem de Deus
a percorrer altares
que calam os retratos nas paredes.

É bom saber que existe no mundo
um país chamado Portugal
onde se debruça a vida numa roupa à janela
como se a vestir as casas
com a camisa branca de um domingo.

Que seja diante do mar
quando me for morrer para sempre
ou talvez junto do Mondego
a olhar a ponte de Santa Clara
onde contigo pai
falei com o musgo das margens
a observar à noite duas Coimbras
uma de luz
a subir pelos telhados das casas
e outra no rio
a mergulhar para dentro das águas.

Que seja talvez diante do rio
da aldeia de Fernando Pessoa
do lado esquerdo de mim.

Nada deve escapar ao poema
onde guardo silêncios
para sempre perdidos
sem que eu saiba ou possa dizê-los.

Tantos rumos a seguir
e que agora se calam
que me façam então sentir
a relva molhada ao orvalho
aos pés de um rebanho
à saída da porta
que me separa do mundo.

Que não me acorde mais
e que me faça agora num ai
escorrer como escorrem os rios
na memória de meu pai.

Não esquecerei esse rosto
na pálida tarde que esvai
nem deixarei de cantar
os versos antigos de meu pai.

Não mais direi as palavras que juntei
à distância que da ausência cai
os caminhos em que me imagino
na terra antiga de meu pai.

Não mais colherei a tarde
o que da terra nunca sai
tantas flores silvestres
do jardim antigo de meu pai.

Não mais navegarei em mim
com esta caravela que se vai
este poema que morre
no oceano antigo de meu pai.

Inês

Coimbra, 2007
(Editora Palimage)

Estavas, linda Inês, posta em sossego,
De teus anos colhendo doce fruto,
Naquele engano da alma, ledo e cego,
Que a Fortuna não deixa durar muito,
Nos saudosos campos do Mondego,
De teus fermosos olhos nunca enxuto,
Aos montes ensinando e às ervinhas
O nome do que no peito escrito tinhas.

Luís de Camões
Os Lusíadas
Canto Terceiro

Álvaro Alves de Faria realiza um livro singular. E tece esta Inês em língua luminosa e para muitas pátrias. Por indeterminada e bela. Ícone platônico e fantasma. Afrodite. E Mira-Coeli. E todo um aspecto fontal, de *As bucólicas revisitadas*, de água pura, amor e solidão. Ouço aqui a brisa de Sá de Miranda. Petrarca e Camões. *Io venni sol per isvelgiare altrui*. A tanto veio Álvaro: para despertar. De um sonho impreciso. Vasto, impreciso e doloroso. Eis o lado mais fundo de Inês. O seu país secreto, anfíbio e múltiplo. Tal como as formas poéticas em que Álvaro declara o seu terrível amor. Altivo e submisso. Mas onde, como e quando surge Inês em sua obra? Uma pergunta impossível, a que parece responder timidamente uma pista: ao terminar a viagem ao Pai, tão sentida telemaquia!, ressurge a sua Ítaca, de nome Portugal. Álvaro Alves de Faria, porque reuniu as partes dispersas, porque abraçou todas as parcelas das ilhas esquecidas, escreveu um de seus livros mais belos e mais inspirados. *Io venni sol per isvegliare altrui.*

Marco Lucchesi

O amor ensina a voar por qualquer instante ou fresta do tempo, a viver o assombro como o pão de cada dia, a morrer talhando epitáfios para sempre. Existe um amor cuja antiga linhagem expõe o seu desejo como no princípio, porque nunca perde o combustível para a sua incandescência. No vasto mundo da lusofonia, o amor do Infante Dom Pedro pela galega Inês de Castro aparece como uma história sagrada matizada de lenda. Permanece como uma labareda quieta no imaginário popular: todos recordam, mas são os poetas que a tornam mais viva enquanto passam os séculos. E dentro da plêiade de poetas, poucos são os eleitos para deixar marca sobre o nome de Inês. Um deles é – e será – Álvaro Alves de Faria, brasileiro de São Paulo cujos versos admiro e traduzo. Leiam o seu longo poema repartido em trinta cantos, pois a voz de Faria (convertido em Pedro) saberá comover-vos com sua realidade outra do amor. Inês ocupará um lugar seguro na imorredoura literatura portuguesa.

Alfredo Pérez Alencart
Poeta peruano-espanhol
Universidade de Salamanca, Espanha

Com este *Inês* meu envolvimento com a poesia de Portugal – creio – chega a um ponto dos mais altos que até então imaginei. Sou um poeta brasileiro em busca de mim, equivale dizer em busca da poesia que encontrei neste país dos meus pais. Estão aqui os versos que me completam e atrás deles vim, a partir de 1998, quando participei, pelas mãos da querida Graça Capinha, do 3º Encontro Internacional de Poetas, na Universidade de Coimbra, decisivo para minha vida de poeta. Posso dizer, sem erro, que em Portugal conheci a verdadeira dimensão da poesia. Estão aqui as palavras de que necessito. Atravessei essa paisagem poética a partir de 20 poemas quase líricos e algumas canções para Coimbra, passando por *Poemas portugueses*, *Sete anos de Pastor*, *A memória do Pai* e agora este *Inês*, que habita a mente de tantos poetas de todo mundo. A mim também habitou, mas precisei vê-la de perto para que pudesse deixar que minha poesia, finalmente, completasse este ciclo, no poema feito na funda palavra que vive não se sabe onde, mas que existe para se realizar, como se secasse uma ferida, essa da memória do longo tempo de outras vidas que em Portugal me debrucei à procura do que me resta como poeta. Portugal e a poesia Portuguesa mostraram-me a palavra necessária para a realização de uma obra poética. Neste *Inês*, ao completar este ciclo, limitei-me, poeticamente – tomando o lugar do príncipe – a narrar uma história com começo, meio e fim, em 30 poemas, sabendo, antes de tudo, estar lidando com um tema sobre o qual tudo já se escreveu, sobretudo em Portugal. Mas valeu-me a história de Inês e Pedro como experiência dentro da poesia e da construção do poema, na elaboração de uma linguagem que me representou um desafio apaixonado em favor de minha obra poética pessoal. Vim a Portugal em busca da poesia que me falta em meu país. Saúdo Inês como se saudasse a uma irmã, assim de braços abertos, pelo poema realizado, pela poesia redescoberta e pelo que ainda está por vir na palavra poética por viver em Portugal, pátria da poesia que ainda almejo escrever.

Álvaro Alves de Faria
maio, 2007

1.

Por assim vos ver, Inês,
deitada à morte a face branca,
por assim
ver desfeito meu sonho,
por assim ver a ferida
em vosso aceno perdido,
não calarei em mim
a fúria de meu amor,
nem deixarei que de vosso sangue
se perca essa dor que por dentro
arranca-me
talvez a alma que desconheço.

Nem deixarei que as tardes sejam iguais
e deste dia em diante, Inês,
será vosso o reino de meu reino,
esse que trago escondido
sob as pálpebras,
para que melhor possa pressentir
vossa presença.

2.

Quando, ao vos matarem,
também a mim mataram, Inês,
com a lâmina de uma espada
o que eu tinha por viver.

De nada sou rei agora,
senão apenas o súdito do infortúnio
nessa tarde em que morrestes
sem ver na imagem de vosso gesto
essa terra em que vos deixo,
os seios em que adormeci
e o corpo
em que habitei vossos segredos.

Também a mim mataram, Inês,
para sempre

a mim mataram
o que eu tinha como vida
e que agora,
diante de vossa morte,
tenho somente
o sentimento de também
partir para sempre.

Calai em mim, Inês,
a dor que me consome,
mas deixai que nela viva meu desencanto
e que nela se realize o percurso dos destinos
em vossa face desfeita.

Calai em mim, Inês,
o que não se pode calar,
o que me arranca da vida
e me faz também morrer.

3.

Porque calais em mim tamanho pranto,
deixo que morra aqui vosso destino,
marca-me o ferimento em vosso espanto,
o que me aguarda em vós, por desatino.

Já sabereis, Inês, em vosso encanto,
o que da vida a fúria que previno
ao vos guardar em mim, mas sei, no entanto,
que esta dor vai além do que imagino.

Morta em silêncio, Inês, assim perdida,
vós rainha que sois no encantamento
que sempre tive em mim por vossa vida.

Em vossa morte, Inês, em desencanto,
a voz que some e grita meu lamento
na dor que guardo agora como um manto.

4.

Os dias são sombrios, Inês,
e me come por dentro a fome
de vingar vosso infortúnio,
pelo beijo
que na boca me deixastes.

Talvez poderá dizer-me Deus
de vossa súplica pela vida
que haverá de ser ouvida
em todo Portugal.

Sombrios são os dias, Inês,
nestas colinas à margem do Mondego,
onde haverei de permanecer
não como príncipe,
mas como rei
que haverá de reinar
pelo amor que antes me calou a vida
e que da vida me separou.

5.

Por vós me calo nesta hora
em vossa morte:
ainda sois bela, Inês,
e ao vos deixar partir em Coimbra,
deixo também o que por amor
me mata a vida.

Deixo que se calem as aves
que a tarde não há mais, Inês,
aceno de mãos feridas que guardastes
a segurar a face na palavra contida à boca,
golpe fatal em vosso espanto,
o corpo imóvel na terra
em que também permaneço,
tão funda ferida que vos tira de mim.

Por vós morreram os dias, Inês,
os que nasciam junto às janelas,
a morte que me apavora
porque não morro convosco
como devia morrer ao vosso lado.

Tenho por sina viver
o que me resta de vosso amor,
a cada instante lembrar
dos cortes cruéis em vosso peito,
destino que não foi traçado
em vossa morte por mim desfeito.

6.

Arde-me na boca este grito inclemente
a levar minha alma para o inferno
e no espanto de todos os dias
fazer da morte a sina preferida,
que nada há para colocar em seu lugar,
senão o gosto desta dor que mata,
mas faz sobreviver os dias derradeiros
na lâmina que corta a clemência,
essa raiz enlaçada na vida
que não tivestes, Inês,
morta rainha em sua própria sentença.

7.

Compreender-vos como, Inês,
neste instante em que vos clamo a vida,
se nela repousa meu sentimento
e se dela nada me resta
senão o pranto a vos cobrir a face?

Deixar que vos tirem o encanto,
como poderei, Inês,
calar o que em mim me mata
e vos leva para sempre?

Como, senhora de meu abandono,
poderei viver a sina de arrancar de vosso seio
a palavra morta que calais à boca,
se a mim não me é permitido também partir
em vossa companhia, no mesmo leito?

8.

Também meu coração atravessou
essa espada que vos feriu, Inês,
também a mim cortou a seiva da vida,
essa lâmina de corte profundo
que vos tirou a alma pela boca
e vos fez silenciar a palavra de súplica.

Os algozes que vos ceifaram a vida,
a mim a vida também cortaram
num golpe de decepar a existência.

Desesperado dia esse que vivestes
em que as aves fazem seus ninhos
a inaugurar o voo da manhã
nos telhados das casas.

Essa espada de corte final, Inês,
também me atravessou.

Feriu-me também essa espada
guiada por um rei
que abreviou vossos dias num soluço,
a palavra que calastes, Inês,
a percorrer as folhas e a terra,
em mim, destino da crueldade,
em vós, amor que morre
ao cair da tarde.

9.

Guardai, Inês, a brancura das manhãs
e esse verde calmo das árvores,

acendei a chama que vos marca
e calai as aves e as palavras mais ternas,
as que tínheis em vós no vosso leito,
para então adormecer as igrejas
e fazer nascer as plantas em vossa volta,
como se fosse assim aguardar chegar o dia
ao toque quieto de um sino
que se deixa esquecer.

10.

Na brancura do corpo em vossa noite
atravessei cavalos a cortar planícies
e deixei que nascesse em vós o véu do tempo,
como se a mim me fosse permitido
– príncipe que sou –
viver por vosso encanto,
a pele com que me envolvíeis,
já que trouxestes a mim o avental das noites
sempre quietas nas colinas,
quando o tempo para de passar
e apenas observa as janelas das casas,
dessas noites sempre últimas no olhar das pessoas,
quando já não tínheis em vós o gesto de vosso abraço
e já tudo então tinha passado,
sem que me percebesse de minha própria morte
no espaço claro de vossa vida.

11.

Não amanhece, Inês, deste lado do Mondego,
onde dorme Coimbra em seu mosteiro,
esta relva de orvalho molhada pela manhã,
assim como se me fosse procurar por vós
onde me perco sempre,
como se possível fosse encontrar
o que nunca se encontra,
um beijo numa bolsa a se despedir da vida,
um lábio calado em murmúrio,
uma frase de amor na palavra fenecida.

12.

Deixei-me calar as tardes
para que vos abrisse a porta:
caminhai, pois, no meu quarto, Inês,
deitai na minha cama,
fazei de mim o vosso servo
para que no amor possa viver
o que não vivo,
possa em minha mágoa
trazer-vos para dentro
de meu coração,
onde vivem alguns sonhos,
o vento de Portugal,
as ciladas de batalhas que não sei.

Que seja toda a luz de vossa alma,
o aceno de Deus que guardais
num altar de orações.

Entrai, pois, Inês, no meu espanto,
para que me possa alcançar a alegria
de um instante somente
em vos ter comigo,
por serdes a dona
e rainha de meu destino.

13.

Cega-me, Inês, esta dor que trago,
este momento em que o desgosto
é um punhal que arranca o soluço da alma,
que também morta está dentro de mim
a dizer-me do pranto que agora tenho
e que guardo nos cantos da boca,
este sentimento que haverá de consumir-me
até que em mim possa plantar
a tez mais pálida de vossa face.

Cega-me, Inês,
este grito distante que atravessa

o céu vermelho que vos cala,
vossa ausência que toma meus caminhos
que não existem mais por vossa falta,
a música que éreis e ainda sois,
gesto em que deixava meu amor,
dolorido amor agora transformado
em chaga que como um rio corre
a destruir os campos.

Tirai-me o ódio, Inês,
mas deixai que vos vingue
a vida que morta foi na brutalidade,
deixai que vos vingue em mim o gosto
do mais amargo veneno
com que quero lavar vossas vestes
e com a mesma amargura que vivo agora,
quero em algum tempo desfazer-me de mim,
para que em vós possa depois me debruçar
e me deixar esquecer em vossa espera.

14.

Não haverei de calar-me durante as noites,
como era costume ao deitar-me em silêncio,
para que pudesse me envolver a vida
num cálice onde minha vida se deixava.

Não haverei de ouvir as canções longínquas,
das que ouvia distante
e trazia a vós por vossa contemplação.

Haverei, Inês, de caminhar o tempo,
e nele misturar o que vivia em mim,
vossa presença
com passos que me levavam às planícies,
e ao vos sentir me declarasse sempre
um jardineiro logo abaixo de uma janela,
a tentar seduzir-vos
para que pudésseis ainda viver
o que vos foi negado.

15.

Sabei, Inês, que sempre estarei
em vossa volta,
onde quer que estiverdes,
sabei-me por perto de vós.

Julgai-me por meu merecimento
o que vos trago sempre que chego
de algum lugar para vos ver,
embora sempre vos veja
em todos os lugares de onde venho.

Sempre estarei ao vosso redor,
mesmo agora em que vos envolve a morte,
mesmo assim, Inês,
permanecerei ao vosso lado
pelo tempo que me determine a vida
e ainda que morra,
ainda assim
cumprirei a sina de vos amar
tanto que na vida não cabe
este frio que sinto agora,
isto que de mim ninguém mais sabe.

16.

Voltai se for preciso
e andai
nos versos dos poetas, Inês.

Assim estareis sempre presente,
como se não tivesse havido
tal sobressalto
que a vós findou a existência.

Como se fosse, Inês,
vossa vida a pairar sobre os castelos
pelo tempo que não termina.

Andai, Inês,
pelos campos de Portugal,
e acordai em mim, na minha sina,
o que de vós me resta em minha volta,
o entardecer que já não sinto,
senão a noite que não finda
por vosso desalento.

Chegai, Inês, a mim no que me reservo
em vossa volta a colher as folhas do chão,
como se me fosse vos aguardar
à beira dos rios a molhar os pés.

Tanta dor aguardo, no entanto,
por vos ver silenciar um beijo à face,
tal murmúrio do vento que vos acalenta,
morto sentimento que me assalta,
que vos traz de volta e vos ausenta.

17.

O que não vos fizeram em vida
hão de vos fazer diante de vossa morte.
As almas também morrem, Inês,
como morreu minha alma
na mesma lâmina que atravessou vosso peito.

Velai, Inês, por mim em vosso pranto,
rainha que sois de Portugal
e dos poetas
que hão de vos renascer sempre
para cantar
e para que com eles canteis
vosso infortúnio.

As almas também morrem, Inês,
como morreu a alma de vossa alma,

sem que Deus o impedisse
no que restou da sua misericórdia.

Havereis, Inês, de estar comigo
nesta planície onde se perde a vista,
e nos castelos
onde vos deixarei à luz do sol
que em mim se apagou,
rainha de Portugal,
a dizer nas preces
e nos altares que não intercederam
para vos salvar.

Por que fechou os olhos Deus
e deixou que se manchasse
de sangue o céu
em tal ferimento?

Resta-me o destino
de calar os dias, Inês,
a morrer sempre mais um pouco,
porque me dói uma dor que não conheço
neste pranto que me anoitece
no que era em mim o vosso destino.

Sois rainha em vossa morte
e como rei faço-me vosso súdito,
que nada me pertence sem vossa presença.

Das flores vermelhas
faço o manto com que vos visto, Inês,
a fria claridade em minha volta
a dizer-me que nada mais há
de tal amor
senão a chaga de não amanhecer mais
em vosso encanto,
agora um beijo escondido no soluço
de vosso pranto.

18.

Porque se eterniza em vós o sol dos dias,
porque as mulheres se calam nas noites
e porque em vossa face se faz a sombra da manhã,
rasgo meu coração e corto em pedaços
o que tinha e que agora não tenho mais,
as águas do Mondego,
rio a correr por vosso gesto,
as margens das distâncias
que vos separam de mim.

Por minha súplica, Inês, calai a tarde,
que não me resta amar a vida,
se por vós tudo que eu tinha
transformado foi na cerimônia de morrer,
e enquanto viver me seja dado lembrar-vos
a colher as flores debaixo das árvores,
o colo em que me deixo ainda por serdes vós
a mulher que me isenta de todos os silêncios
e que ao abrir os braços calava em mim
o que tenho por desgosto.

Não sejais, Inês,
nessa morte em que vos vejo,
a brancura da face que me assusta
e me faz entrar no fundo de mim,
onde me guardo perdido
para vos chamar pelas ruas,
aldeias agora desertas
em que permaneceis, mas não estais.

Assim haverá de ser a vida, Inês,
porque da terra que vos sepulta
tiro o pranto das mãos inertes,
o olhar que Deus desconhece,
a morte que atravessa o tempo,
a face que o infortúnio tece.

19.

Da leve mão, Inês,
resta-me este frio perene,
aceno que desapareceu
aos olhos apagados à face quieta,
véu que não tenho para vos cobrir,
nem a palavra necessária
que me possa salvar da ira,
esta chama que arde e me consome
enquanto se desfaz a vida
nesse jardim de um mosteiro,
os dedos longos a percorrer destinos,
como se assim fosse possível renascer
com o brilho do sol sobre os telhados,
os pés na relva do campo
a pisar as folhas, Inês,
palavras que grito por dentro,
desassossego que haverá
de perseguir-me enquanto houver
o que da existência me restou.

20.

Matou meu pai
a princesa de Portugal
e a ele
dedicarei a minha guerra,
porque tirou de mim
a parte maior da minha vida.

Decepou-me as mãos
e cegou-me os olhos,
mas deixou-me o pensamento.

Não apenas Inês matou:
matou-me também a mim,
seu filho.

No entanto, enganou-se o rei meu pai,
que Inês amarei ainda mais,
e dela serei um servo eterno
para servir-lhe sempre em sua morte
que passa a ser a minha vida.

Tirou-me o que pôde meu pai
em ato insano,
mas deixou-me o coração.

21.

Ao vos deixar assim, Inês,
também sepulto nessa terra
o que em mim tinha por alegria.

Nenhum reinado me fará esquecer
essa espada que a vida vos tirou, Inês,
nem esquecerei em vossa morte
a ferida que me consome,
o tempo que calastes na boca
e que na oferenda de vosso amor,
me cala mais fundo,
tão funda chaga vos deixo, Inês,
meu único destino
de agora vos querer ainda mais,
este afligir que não dorme,
para sempre esta dor sem nome,
no sangue desta espada
que me corta
num clamor que não tem fim.

22.

Nenhum tempo apagará vossa imagem, Inês,
o pressentir o dia quando a manhã era ainda distante,
nem de vós ninguém dirá o nome sem calar por dentro um soluço,
ninguém nunca esquecerá a face em vossas mãos a pedir clemência,
nunca se apagará o que deixastes em vão por vossa súplica.

Nunca mais saberei de mim, Inês,
a cavalgar distâncias em vossa procura,
a dizer-me que poderei vos encontrar
talvez onde me encontre perdido a esperar por vós.

Os poetas haverão de vos dizer poemas,
todos os dias cantarão por vós
em algum lugar de Portugal,
os versos por vosso reino que não foi,
mas porque sois rainha e sempre sereis no meu reino,
mesmo que vos cubra a morte com esse xale de sombras,
nada apagará o que sentis, Inês, nesta amargura
em que vos deixais a seguir em silêncio,
a guardar no olhar de infortúnios
o que vos cala diante dos abismos.

23.

Por serdes a rainha de Portugal,
sois também a dona de minha vida
e ainda uma pastora em meu caminho,
rainha sois e sereis sempre,
toda a corte vos saudará
diante de vós em reverência,
como vos reverencio, Inês.

Os que vos mataram, Inês,
terão de devolver em súplica vossa vida
diante de mim a vos servir do vinho
que escorre de vosso lábio.

Por serdes vós quem sois,
haverei de para sempre estar convosco,
enquanto houver uma tarde
a se colher no campo,
a calar-me fundo no peito,
enquanto, finalmente,
houver a face da luz de vosso dia,
haverei de para sempre
estar em vosso sentimento,

como se não me fosse a mim
guardar a imagem que vos cala,
como se em mim
rezasse em voz alta
vosso silêncio.

24.

Estais bela, Inês, a correr os campos,
já que a terra aos poucos vos consome,
a derradeira palavra que não tenho
para vos saudar todas as manhãs,
como se a mim me saudasse,
como se em vós me deixasse ficar,
a ir convosco calar presságios.

Estais bela, senhora da minha morte,
que também morro neste instante
por não saber mais fugir do que me aflige,
para levar-vos comigo ao templo da minha existência,
como se assim pudesse em mim renascer o que morre,
o aceno aflito diante das espadas.

Não bastaram as palavras de clemência
diante de algozes que arrancaram de vós
o que floria sempre no branco da pele.
Não mais estareis, Inês, sentada à minha mesa,
na sala em que vos aguardarei sempre chegar,
como se fosse assim abrir uma porta
no silêncio quieto do que amais.

Na vossa morte haverei de viver o meu martírio,
em tal atroz desgosto que temo por minha ruína,
haverei, no entanto, de suportar o que me resta da vida,
já que sem vos sentir respirar em mim
de nada me valerá o tempo a passar em vossa espera,
o gesto que estendeis para aguardar-me,
príncipe a cair nos abismos em minha volta.

25.

Portugal não sabe, Inês, de vossas juras,
não sabe Portugal do que sentistes na vossa dor,
o sentimento que percorre as campinas
e que em mim vive agora por rancor.

Não bastará a morte
para me separar do que vos tenho,
nem bastará tão profunda ausência,
mágoa que me corta no fim de cada dia,
por saber que não mais estareis aqui,
como se fosse esse dia o que se arranca da boca,
de onde escorre o sangue de vossa sina,
a palavra que morre e morta fala mais alto
no altar em que vos celebro,
pois assim haveria de ser,
não fosse o corte de vossa seiva,
planta que sois
no chão de minha existência.

Pois de vossa morte, Inês, ergue-se em mim
o que vai me ferir para sempre,
já eterna sereis
e ao meu lado havereis de viver o que vos tiraram,
o campo desaparecido às ovelhas,
as preces que também morreram em vossa voz.

Não ouviu Deus o vosso pranto nem pudestes despertar
a luz do sol apagado entre as folhas das árvores,
a sombra em que caístes
sem que se cumprisse vosso destino.

Sois bela, Inês,
na face que guardo nas mãos,
a pisar a relva dos campos
e a calar as águas do Mondego
entre as mulheres que choram,
como se fosse assim dizer-me a mim mesmo
que voltareis por vossa alma
a habitar os castelos de Portugal.

26.

Não tenho mais, Inês, o dia por esperar,
nem dos amores tenho sequer lembrança,
senão a dor funda que me separa da vida,
este apertar-me o peito que desfaleço à luz,
como se assim me quisessem as sombras
levar-me de vosso pressentimento.

Pois que destes sentimentos que me assaltam,
nada resta senão as palavras que dissestes
a quem vos matou,
a implorar por mim,
príncipe de vossa desventura,
nada senão essa terra que vos cobre,
o que em vós era o encanto que não vejo mais.

Também nesse instante morri, Inês,
e ao vos deixar dentro de mim com vosso aceno,
invoco para que Deus me faça viver mais um pouco,
porque tenho agora que calar meu desencanto,
e fazer por minhas mãos que me paguem
até o fim o que de mim me tiraram.

Morto estou, Inês, rainha que me guarda,
ainda estais aqui neste espaço que não me cabe,
mas cabe em mim o gesto em que vos guardo,
relíquia de vossa coroa no reino de Portugal,
a vos despedir de mim que não mais me sei.

27.

Despeço-me de vós, Inês, como se fosse assim
apagar vosso medo diante dos assassinos,
a túnica molhada das águas do Mondego,
de onde falarão sempre os poetas
na Poesia que plantastes
quando deixastes de viver.

Pálida Inês nos braços trêmulos que me esquecem,
por vós caminharei pelos campos,
como se a colher as flores de vossa amargura,
como se assim pudesse ainda viver o que me falta,
vosso amor que em mim
se deixará ficar como se a morte não existisse.

Cala-me o frio, Inês, nesta manhã de Coimbra,
terra em que me deixo ficar convosco,
se não fosse assim enganar-me mais,
cala-me profundo o ferimento que não suporto
a cegar-me por dentro da luz que sempre me destes.

Por meus filhos de vós nascidos,
caminharei para sempre o sempre de meu caminho,
as mãos sem gesto hão de ficar no meu aceno,
planície das aves que partem
como a partir estais vós em minha agonia,
o dia que não chega, Inês, o dia que não chega.

28.

Doem em mim os ventos de Portugal,
como espadas a me cortar por dentro,
dói-me a ira de me ver diante de vós
que já não estais senão na morte de tudo,
dói-me sair de mim em vossa busca
e saber-me aflito sem ter aonde chegar.

Resta-me o grito que percorre os campos
e se deixa entre as árvores e as avencas,
como se de repente saltasse de mim como um cavalo
por um abismo que não termina,
tamanha a chaga contida no meu peito,
o coração que clama e que em mim se desfaz.

Diante de vós me calo, Inês,
que a morte é o sobressalto que me escapa,
desses para os quais não há remédio,
em vós me sepulto também com minhas dores,

no olhar que perene me torne à vida,
o coração que bate em mim os meus horrores.

Cala-me, Inês, o que não se esquece,
ferem-me cada vez mais meus desenganos,
a face que vos guardo no sentimento,
o sangue que escorre ainda em vossa pele,
a vida que tenho agora no esquecimento.

29.

Que me seja, Inês, por minha culpa em vossa morte,
a dor companheira para sempre,
e que fale sempre em mim o gesto que me trouxestes,
a boca vermelha que no beijo a vida sente,
como se a vos despedir de tudo
fosse assim calar-me em mim ausente.

Não haverei de morrer sem antes
abrir outras covas e aos cães atirar quem vos matou,
para que fique por meu desencanto marcada a vida,
por serdes vós vítima da infâmia,
que em vossa morte a morte em mim me espere,
esse corte brutal em vossa face
que brutal minha face fere.

Não fiqueis, Inês, entre as brumas,
que estarei o tempo todo aqui em vosso louvor,
não vos caleis, por mim vos peço que fiqueis, Inês,
já que havereis de ser agora o que não fostes em vida,
rainha-mulher de meus encantos,
a passear comigo as aldeias tristes de Portugal.

Tão frias as águas que correm, Inês,
a levar as palavras que me deixastes,
e das juras de amor e de alegria
resta-me o gesto que das mãos vos cortaram,
que seja em mim a vida que vos contemple,
vossa memória, Inês, no meu desgosto.

30.

Não findará este amor, Inês,
nunca findará este amor,
porque por serdes vós minha rainha,
será assim para toda gente,
sois em mim o amor que não termina,
princesa a procurar a vida
em vossa morte que tenho por minha sina.

Portugal sois vós, Inês,
senhora da minha dor que convosco me sepulto
a calar o ferimento que nunca fechará,
chaga de corte que desespera,
rainha da vida que sois por minha dona,
imensa e eterna é noite à minha espera.

Ao vos deixar na terra coberta de flores, Inês,
também sepulto a mim
a fugir doravante a todo lugar,
e a me ferir por dentro tal desatino
mata-me a todo instante vossa ausência
a morrer em mim o meu destino.

Portugal sois vós, Inês,
rainha para sempre a quem amei,
o manto com que vos cubro
também cobre a mim na minha sorte,
não termina assim este amor, Inês,
já que para sempre sereis viva na minha morte.

O livro de Sophia

Coimbra, 2008
(Editora Palimage)

Álvaro Alves de Faria, pelo seu lirismo, talvez seja o mais português dos poetas brasileiros. Este poema é uma elegia para Sophia de Mello Breyner Andresen. Podia ser também uma crônica ou uma carta de despedida. Mas é a retomada do clássico tópico do "diálogo com os mortos". Diz ele que "quando morre um poeta / também morre a poesia". No entanto, a poesia é aquilo que sobrevive ao poeta.

Affonso Romano de San´Anna

Este poema foi escrito em um único dia, em Lisboa, onde eu me encontrava no dia da morte de Sophia de Mello Breyner Andresen. Uma mulher poeta por quem tinha e tenho profunda admiração. Ao saber da notícia de sua morte, fui tomado por grande emoção. Passei então a escrever, por horas seguidas e em vários locais de Lisboa, o longo poema que a ela dediquei. Na verdade, apenas conversei a andar com ela por Lisboa, a falar sobre o poema e a poesia, até que de mim se despediu, já madrugada, desaparecendo assim como surgiu.

Álvaro Alves de Faria

Procuro-me em Portugal
e vejo-te morta, Sophia.

Vejo os livros que escreveste.
Falta um pedaço em todas as coisas neste dia.

Te vi uma vez a dizer poemas
com uma voz triste
e uma blusa escura, talvez cinza.

Os poemas então se calaram
e as palavras mostraram que não tinham razão de existir.

Explico o porquê:
as palavras enganam o poema e o poema finge que acredita,
o poema é inútil e a poesia invisível dos objetos desapareceu.

Ao te escrever este poema tentarei fugir da poesia,
que é matéria que não me interessa mais.
Mas também tentarei dizer que o mundo está menor.

Sabes, Sophia, que, sendo um poeta brasileiro,
tenho por ti a estima que merecem as mulheres
que são deusas,
que, no entanto, não eras – eras somente poeta.

Morreste sem que te pudessem dizer mais algumas palavras,
como se isso fosse necessário.

Peço-te licença para chamar-te de tu,
a te ver viver nos livros brancos que deixaste,
que já são memória de Portugal.

*

O dia hoje escorre pelos azulejos azuis dos cafés
e pelas toalhas de papel em que desenho teu rosto fino,
tuas pálpebras amarelas
e teu lábio que vejo vermelho,
porque já é quase crepúsculo nesta mesa em que me debruço
a colher as migalhas dos sonhos
que nunca tive.

Falaste-me uma vez da tua Pátria
e a disseste-me perdida por silêncio e por renúncia.
É verdade, Sophia: até o mar se torna exílio.

Não é apenas a dor que corta esta paisagem em que piso, sapatos aflitos.
Não.
Teus retratos me revelam que a vida não se faz aos poucos,
como dizem os sábios.
Não.
Faz-se de repente, num baque, numa rua qualquer em que adormecemos.
Faz-se sem saber, num poema que nos nasce nas mãos
e depois se perde no tempo, entre as abelhas.

No entanto, não estás mais na tua imagem,
paisagem de feltro como os chapéus dos homens calados
que atravessam as avenidas e as praças
e depois se põem a olhar o rio,
às vezes o mar.

*

A luz clara de teus poemas, Sophia, cobrem tua morte
e agora é tarde para que me recorde.
As coisas não foram feitas para recordar,
mas para viver.

Tens plantas nas mãos e sementes escondidas,
como se fossem algumas estrelas que caíram,
assim como conchas que se guardam no bolso
para levar junto à pele um pouco do som do mar português.

Também trago algumas pérolas que recolhi sem saber,
que guardo numa gaveta como se as deixasse viver sem o sal das águas.

Pouco sei, no entanto, de ti, apenas o que me dizes nos poemas,
tua liberdade de percorrer os esconderijos e os caramujos,
os altares de um Deus que se perdeu
e anda à procura das preces.

Também está no teu silêncio o tremor de teu corpo,
enquanto reinventas as tardes vermelhas
ao tocar de um sino numa igreja ausente.

*

Na rua da Condessa, Sophia, lembro-me de ti,
fidalga na poesia que fizeste das raízes de Portugal,
sobretudo me lembro de ti porque aqui na rua da Condessa
sinto o cheiro do mar que vem de algum lugar que não percebo,
talvez de alguma ostra guardada no olhar de alguém,
de alguma mulher que há pouco por aqui passou
a deixar no ar um gosto amargo de um poema que se perdeu.
Deixo então te calar a poesia que te segue
como seguem as aves no voo das tardes escuras de julho.
Por te valeres dos gestos, guardas no colar algumas pedras delicadas,
de tal beleza
que teu rosto salta da moldura que te cerca o que tens na tua liberdade.

Mais do que o silêncio que fere a poesia,
Portugal te habita num tempo dividido nas amoras bravas do verão,
este país que tem a voz doce
de quem acorda cedo para cantar nas silvas.

Deixa-me então cantar contigo, Sophia,
porque também padeço desse mal
nas praças brasileiras em que vivo perdido
a debater-me entre a poesia e a inutilidade do poema,
deixa-me de ti e de outros poetas portugueses
colher as últimas palavras que penso guardar em mim para sempre.

Porque assim queres, sais da vida com teus passos lentos,
como se a adivinhar os caminhos e os olhares das frestas das janelas,
onde se escondem os dias derradeiros,
aqueles já apagados nos calendários,
com números que também marcam as páginas dos livros
que estão mortos, sobretudo os de poesia,
aqueles que tentam sobreviver ao desespero dos poetas.

*

No mar todas as distâncias se desfazem, sabes,
e todas as águas se parecem com as sombras,
porque delas nascem os espantos e os cortes que separam as coisas,
os dedos que caem nas calçadas como pequenas pedras
que escapam da bolsa de acalentos.

Lisboa agora está sozinha, Sophia,
mas amanhece.
Busco-te, no entanto, onde sei que não estás,
porque a poesia desaparece
como quem se olha no espelho pela última vez.

Há outros mares que nos povoam de receios,
porque só falam em partir.
Ao entardeceres, mal sabias que também calavas os pássaros
nessa mesma tarde em que os poemas se perderam.
Quando então vias o mudar das luas e o crescer dos oceanos,
pressentias que a poesia não era o bastante,
nem era o que esperavas para a música que querias cantar.
Era, sim, um risco de silêncio
que mal conseguias sentir o tamanho das coisas
que o poema impõe na dimensão mais densa das palavras.

Então escurecias os objetos em tua volta para que se iluminassem depois,
assim como um gesto de vidro que se parte ao bater num móvel,
esses dedos longos que percorrem a imagem do que não é.

Foste assim para tua aventura e o mar estava distante de teus pés,
barcos antigos navegando ausências entre peixes escuros,
o vento sobre teus túmulos caiados,
mas talvez persista o sonho e a possibilidade do encanto,
a plena nitidez da luz que abre o espaço na escuridão,
o que resta da noite que nos atravessa,
mas a poesia, Sophia, não se estende ao amor,
nem se deixa seduzir pelas serpentes que penteiam os cabelos dos poetas,
nem se deixa
ficar entre o rosto e a sombra que nos envolve,
como se assim pudéssemos cobrir as rugas do rosto.

Quero que entendas minha palavra não como um poema,
mas como apenas algumas que não vou enviar para ninguém,
porque nada é necessário que não seja justo,
nem justo que não seja necessário,
assim como a poesia que desnecessária se revela no aceno que não há.

*

Nas ruas de Lisboa caminho passos incertos,
como se estivesse a temer por alguma coisa,
ando rente às lojas vendo casacos e doces
que não caberiam numa bolsa de infortúnios.

Vejo-te então entre as pessoas de blusas negras nos ombros,
caminhas como as ovelhas pelas montanhas.
Te ofereço um pêssego e mordes com dentes brancos de porcelana
e deixas escorrer a seiva dessa fruta que me desperta
diante de ti que te foste de teu poema
e saíste de uma sala como saem as aves de seus ninhos,
ao anoitecer.

Ninguém profana o mar, Sophia, sabes melhor do que eu.
E quando me dizes que ao profanar o mar
trai-se o arco azul do tempo,
sinto dentro de mim o tamanho de um ferimento
que me escorre pela face como um rio que vai adiante,
silencioso em suas águas, como se derradeiro.

Pois, como sabes, da memória que se guarda
há espantos a descobrir como se fossem um espetáculo num palco,
pessoas de braços abertos a colher as últimas avelãs,
teu verso que se perde entre as horas dos dias,
e o poema que da chuva feito se desfaz nos telhados.

Conheço tua face e teu lado esquerdo,
onde tens escondidas as palavras que não dizes,
já que a poesia aos poucos se detém à face clara do poema,
mas não é tempo agora de redizer a vida,
como se assim a poesia pudesse sobreviver ao mar
que te contempla e que contemplas com olhos brilhantes.

Por estas alamedas de ciprestes e árvores desconhecidas
vais a colher os frutos maduros, a maçã que caiu ao chão,
a cereja com gosto vermelho de açúcar
e a concha fechada em si no universo que não ousas.

*

A poesia nada muda na face pálida que me mostras neste dia,
quando vais de ti na tua penumbra de acasos
para achares o que te falta
no resíduo de todas as coisas que desaparecem.

Parco é o espaço do poema dentro do homem,
porque a alma é pequena nesse lugar onde vive a palavra,
local de abandonos e crueldades,
esse fio de licor que escorre pela boca
e cai pela pele das paredes.

Quero guardar-te junto aos poemas que ainda não escrevi
e que nunca escreverei,
porque poeta não sou mais em mim que me consumo aos poucos
e aos poucos
me deixo levar pelo vento que bate nos muros
e seca-me o rosto com um pano de reticências.

No entanto, estás morta, Sophia,
como se fosse este o último dia ainda poético
que tentaste inventar.

Já não sei sentir como antigamente sentia,
quando ainda acreditava no mundo
com a ingenuidade de um sacerdote.
Também acreditava na poesia
que pensava ser a seiva das plantas
e as cores brancas de todas as luzes.

Já não sei sentir como antigamente,
já não sei sentir,
já não sei
do poema e da palavra salvadora
que atravessava os oceanos
como um navio de sombras
calando fundo na aurora das coisas.

Nesse tempo eu acreditava que era santo,
faltava-me apenas fazer um milagre
para chegar à condição de compreender alguns mistérios.

A poesia, no entanto, ceifou-me os gestos.
Sabes bem, Sophia, que ao fechares a janela,
tu fechas também a paisagem que a poesia te ofereceu,
talvez um vaso quebrado, uma sandália sem rumo,
um aceno paralisado na ponta dos dedos
e esse coração atravessado por um punhal,
como nas imagens de Nossa Senhora das Dores.

Fechas também o que deixaste no pensamento que parou,
como o relógio que cai da parede
e se esparrama no assoalho
como a dizer que o tempo está desfeito.

*

Não procures por ti nos retratos antigos em que te vejo,
nem nos poemas que percorreste
em busca da liberdade de viver.
Não te acharás quando a tarde chegar ao fim
e depois
que a tarde chegar ao fim
será talvez tarde demais para ter nas mãos

alguma coisa sempre exigida,
o gesto livre no longo abraço dos amigos
e o poema
que refeito também refaz a palavra inexistente.

Ao fechares a janela do teu tempo,
também fechas tua face com um véu,
como se fosse uma fria manhã de inverno,
quando Lisboa chora por dentro a bruma espessa
de esquecimentos que caem dos prédios,
das escadarias e das ladeiras do bairro Alto,
no Tejo coberto por uma neblina de celofane.

Sabes, Sophia, o quanto corta a pele,
na própria dor de seu tecido,
tecer o poema nesse tempo inútil.
Sabes das distâncias e das portas das igrejas
onde dormem as ausências e as pombas
que fazem a cicatriz de cada rosto.

*

Escrevo-te o poema como se colhesse um receio
e não tenho a preocupação da música
no ritmo das palavras e dos versos.

O poema não tem verso nem música,
o poema se nega como poema
e não se acrescenta em sua forma.

No entanto, Sophia, sei que me debato
na elaboração do nada.

O nada talvez seja o que me salva no poema
e nas palavras que a poesia busca
como se lhe fosse possível existir.

Estou na tua terra, Sophia, em busca dessa poesia que me falta,
no teu país em que me percorro na minha intimidade
como se assim pudesse ainda salvar minha alma de poeta que fui.

Bebo contigo este café
e vemos daqui as pessoas nas calçadas da Praça da Figueira,
caminham pesadas,
olhos apagados num rosto incerto,
os homens escuros te observam de longe
e as mulheres te reverenciam com acenos delicados,
e respondes à tua maneira,
jogas-lhes palavras com sílabas acesas,
como se pudessem entender.

Quando amanhã estiver perdido
na rua das Portas de Santo Antão,
peço que me encontres e me guies
até onde possa me reconhecer,
ali mesmo naquele lugar,
na rua dos Condes ou na rua das Palmas
ou na calçada do Duque.

Que seja por ali onde me encontre comigo a andar a esmo
com meu chapéu antigo a cobrir-me
não apenas a cabeça e os pensamentos,
mas minha figura que atravessa os becos
e se veste de sombras nas portas dos restaurantes.

Peço-te, Sophia, que me encontres
e me tragas teu último poema,
aquele que levas à bolsa
e que se parece com uma estrela.

Mas estás morta,
que destino podes me dar
se ando a colher poemas portugueses
para renascer em mim o ser que um dia me habitou?

Claro está que o poema é apenas a tentativa
da palavra gasta, que se exclui,
porque a poesia se apaga e não faz mais parte da vida do homem
e o homem não faz mais parte da vida da poesia,
assim como a poesia não faz mais parte da vida do poema.

É tudo circunstancial, sabes, à medida em que, se calhar,
a própria vida é uma circunstância ocasional
nesse ocaso que se apaga na memória.

A poesia é ocasional como uma pedra que existe no seu universo de pedra,
já que a poesia inexiste no próprio universo a que se propõe,
inútil no mundo em que todas as coisas morrem.

*

Agora já é noite em Portugal e na poesia portuguesa,
passei o dia a escrever-te nestes lugares de Lisboa,
como se tivesse esse direito.
Não o tenho, bem sei, mas escrevo à tua vida,
como se saísse contigo de braços dados
para visitar o Castelo de São Jorge
e de lá de cima avistar o azul quase verde do Tejomar,
como se fosse partir para dentro da tua ausência definitiva.

No Brasil, Sophia, a poesia não existe mais,
morta que foi a golpes brutos
que dela fizeram uma sombra que não se distingue,
de tal sorte
que o poema desfeito mais se desfez no próprio nada,
retrato que não se nota,
a arte poética imóvel no seu féretro,
imagem inútil dos poetas à margem da poesia.

Não sei se percebes, Sophia,
já que neste poema que não é poema,
faço a fotografia possível do que me invade
com a notícia de que deixas o mundo.

O que se salva é a poesia feminina,
esse olhar que diferencia o poema.
Tento escrevê-la, mas falta-me a alma de mulher,
o gosto à beleza e aos dons invisíveis,
aquele gesto da palavra que se estende a tudo
e faz renascer o brilho que se perdeu.

Falta-me, no entanto, essa alma que não tenho,
sensível à face que se oculta,
quando o poema salta do lábio

e se deixa esquecer para, no esquecimento,
revelar a razão de sua existência.

Pois quando acaba a poesia,
a morte é mais lenta que de costume,
quando acaba o poema,
o verso se estende na plena ausência,
como se fosse assim
juntar as sílabas e o ritmo possível,
pois quando acaba a poesia
também acaba o que nunca teve início,
também acaba o que não existe,
o objeto derradeiro que se coloca nos armários da casa,
nas páginas dos livros,
nas letras das estrofes que não servem para nada.

Pois quando acaba a poesia
também acaba o ar e a respiração,
cata-se com os dedos úmidos a água da pele,
a que não escorre, mas seca,
como a ferida que se transforma na cicatriz para sempre,
essa poesia
essa poesia
essa poesia
que fere e desperta as distâncias.

*

É assim esse percurso:
quando morre um poeta
também morre a poesia
na circunstância desse enredo que não cede.

Lisboa agora desaparece
diante da face branca que se imagina,
teu retrato, Sophia, que te esquece,
teu poema que não termina.

Assim este livro que não cessa,
porque morre a poesia que se enaltece,
morre em ti sem que te peça
o poema que se faz como uma prece.

Então parado em mim entre os preságios,
visto a capa desta chuva que te pega,
essa música de palavras e adágios,
o poema que se exige, mas se nega.

Assim esse tempo concluído,
mas nada se conclui nessa poesia,
o que vive é o poema excluído
nessa palavra sem serventia.

Vais-te embora com teu poema
e esta tarde última que nos cabe,
esse verso que te fere, o dilema
da poesia que não é e que não sabe.

Porque assim se fazem os dias que se perdem
e a poesia se perde nos dias feitos do nada,
em que as horas atravessam os relógios
e marcam talvez o pranto que não se esquece.

Pois quando acaba a poesia
a morte se aproxima como um pássaro, sabes,
a ave noturna que não voa mais.

*

Hei de calar-me quando chegares
e te deixarei falar o que não queres
e dirás o que não sentes
nem sentirás o que não te apetece dizer.

Venha-me de ti o que sonhaste um dia,
por saberes voar com asas que se abriam imóveis
e te levavam para onde nasceriam as manhãs de Portugal.

Que poema dirás quando deixares para sempre o teu país,
se todos os poemas te falam à vida
e fazem parte de teu sangue
e da língua que falas e escreves,
os versos que agora te cobrem?

Destas ruas de Portugal tiro de mim o que ainda me resta,
mas sei que a poesia insana me alcança,
como o punhal que entra profundo e arranca o último sonho,
desses que não existem mais nem nos livros de poemas.

O poema, no entanto, é a palavra morta,
como estás, imóvel em ti, dissoluta, desfeita, completa.

Não sei o que faço por aqui a caminhar sapatos perdidos,
em volta de mim junto às praças e às pessoas,
nas calçadas que não me levam a lugar nenhum.
Tenho a notícia da tua morte e isso é tudo neste momento,
como se todos os momentos terminassem assim
e sei
que todos os momentos terminam assim.

A poesia é pouca e nada significa, embora poeta que me faça
não sei explicar-te do sentir que envolve os objetos
e outras coisas que não contam,
principalmente as folhas amarelas das árvores.

Agora sim vejo teu rosto já infinito
e tuas mãos invisíveis a virar as páginas
de um livro que não lês.

Ninguém profana o mar, Sophia,
porque assim se canta o poema numa guitarra de Portugal,
como disseste em teu poema

> quando a pátria que temos não a temos
> perdida por silêncios e por renúncia
> até a voz do mar se torna exílio

assim te peço que perdoes em mim as palavras que te digo
nesta tarde a caminhar Lisboa
como se morresse um pouco a cada passo
e a cada passo sei que morro um pouco,
porque a poesia é esse corte que se aprofunda sempre
e sempre se abre mais na funda raiz que nos revive,
que faz voar a ave guardada no coração,
como o olhar dos santos perdidos nos altares,
nos templos fechados ao dia que não há.

*

Escrevo-te, poeta brasileiro sem sina a calar-se no poema
que nos assalta nas frestas das portas,
nos labirintos de um tempo que se apaga,
como se nada escrevesse ou tivesse a dizer.

Nada tenho a dizer, senão a palavra bárbara que fere,
a sílaba aguda na aridez do silêncio.

A serpente que invade o quarto e corre pelo teto,
como se a dizer que tudo é assim,
o gesto que se cala entre os dedos
e os dedos que se cortam entre as luas antigas que esqueceste,
mas, no entanto,
estás dentro de ti, o que te importa neste instante.

O poema, Sophia , o poema
que nos consome e nos comove, que nos come,
imensa solidão que nos acolhe,
um gosto amargo que nos repudia,
a tez da palavra inerte que nos expulsa
e ao mesmo tempo se irradia.

O poema, Sophia, o poema.
Esse olhar que perdido se perde mais,
entre a bruma e a espera,
o que deixa de ser
como se ainda fosse primavera.

O poema, Sophia, o poema que salta da sombra,
que se mastiga por dentro e nos engole,
esse poema inútil que nos cala,
que nos arranca a alma
a rir-se de nós, em nossa sala.

O poema, Sophia, o poema.
Esse que se arremessa entre o sonho e o sangue,
que corta o verso em sua poesia,
a tentativa do álibi do encantamento,
esse que fere fundo
e mais fundo faz seu ferimento.

O poema, Sophia, que nos condena,
e nos faz sentir desse corte
a absoluta impossibilidade do que nos canta,
uma faca mortal que nos acena
a poesia algoz que nos encanta.

De que argila feita se faz esse poema
na escassez da hora que termina,
o que se vai para sempre
e que sem destino nos destina,
o que nada nos diz
mas nos ensina,
o poema por viver
por ser essa a sua sina?

*

Tua nau, Sophia, que atravessa o mar que te cobre,
o vento que sopra partidas nas horas próximas,
a sombra que te abrange em tuas distâncias,
o cigano Cristo que te dá as mãos,
as águas que amaste com olhos de sal,
tua cidade do Porto já antiga na tua memória,
quase desaparecida palavra de um poema esquecido,
teus deuses gregos a correr ausências pelas florestas,
teu grito no grito grave do grito para dentro,
como quem se fala observando os temporais.

O que nos invade é o cheiro de jasmim,
um vaso partido ao chão
e a mesa desfeita de uma ceia,
um gosto desse vinho de uvas antigas.
Assim nos é ainda possível guardar o que nos resta,
talvez uma estrofe ou um verso somente
de um crepúsculo português,
mas seja o que se possa sentir mais.

Porque assim se faz a claridade,
assim se faz o navio que se vai a sumir no horizonte,
a tal distância que tudo se torna azul,
tão profundamente azul que nem se vê.

Lisboa, 2 de julho de 2004

*Este gosto de sal
(mar português)*

Coimbra, 2010
(Editora Temas Originais)

Trabalho com a frágil e amarga
matéria do ar
e sei uma canção para enganar a morte
assim errando vou a caminho do mar.

Eugénio de Andrade

1.

O poema é feito de água.
A palavra líquida.
A sílaba de temporais.
Não das águas de um rio,
mas desse oceano que se atravessa em si mesmo,
engolindo naufrágios e pessoas,
talvez acenos derradeiros.

2.

Diante desse tempo que se reinventa,
o passar das horas que não se concluem,
a gaivota
a gaivota
a gaivota
que abre as planícies que adormecem no ar,
esse gosto do mar diante desse tempo,
já que tudo está esquecido nessa memória,
coisas que imóveis morrem para sempre,
esse espanto de se calar por dentro,
quando o grito corta a boca.

3.

Pois assim me vejo entre o silêncio e a palavra,
corte brusco, profunda lâmina de sal que me ataca,
os poemas morreram,
mas me insistem dizer o que não sinto mais.

Pois assim é mais fácil viver,
como se cavoucasse a terra por dentro do mar,
onde as águas colhem os peixes como plantas,
a fúria que me contém no momento incerto,
quando é hora de saltar ao abismo,
como quem anda por uma calçada em Idanha.

4.

Pouca memória me ocorre ao ver-me num espelho que se parte,
porque de mim pouco resta da face,

a pele envelhecida que me esconde,
e este partir constante a dar adeus sempre a tudo,
e este ausentar-me de mim mesmo,
como se assim pudesse calar-me por dentro,
onde vive o cerne do poema.

5.

Será diante do mar português que me depararei comigo,
onde por certo não estarei mais,
como se houvesse um engano de última hora,
assim como escrever uma carta
sem saber a quem enviar,
porque isso não importa quando as folhas caem para sempre.

6.

Assim é o poema que derradeiro insiste em ser escrito,
mas os dedos se ferem mais e feridos se anulam,
a sílaba vermelha que se mistura no azul quase verde das águas,
e as pedras as pedras as pedras as pedras as pedras
as perdas
as perdas
as perdas
as pedras
os pássaros que se foram no Outono,
sempre pelas manhãs quando o dia não se definiu ainda,
e tudo é plena escuridão.

7.

Tudo que se disser será pouco para abrir essa janela,
como aquele aceno desaparecido, onde dormem as aves e as águas,
esse tempo incerto de dizer-se, de falar-se,
embora o poema não se escreva nem se diga,
já que
no que se refere à manhã,
do dia vermelho dia vermelho
o vermelho o vermelho
o vermelho:
amanhã nada mais se dirá na poesia rara,

tantos pássaros azuis nas pedras,
tantos ventos que vêm do sul,
onde dormem as montanhas e os monges dos oceanos.

8.

Por mim descubro-me, o que já é muito,
como se isso fosse o bastante, mas não é.
Antes será preciso nascer,
a bolsa das últimas estrelas do meu país,
as folhas de uma tristeza que se estende como um véu,
que se voa em si mesma, em sua volta,
no seu caule, no seu infinito indecifrável.

Por mim parto-me como se não fosse assim viver,
porque desse silêncio que guardo no bolso
nascem as palavras que embora mortas
sabem-me dizer na possibilidade de um verso.

9.

Não há possibilidade de viver,
mas nem é preciso:
não há necessidade de nada.

Pelas frestas das janelas é ainda possível ver as águas,
peixes perdidos que voam num mar de abandonos,
onde naufraga o coração para sempre,
como se nunca tivesse havido.

Nunca houve a poesia que se imagina,
senão no pensamento de alguns poetas que não sabem
e que em volta de si
se dizem poemas molhados do horror.

10.

Temporais que se abatem contra as árvores,
folhas antigas desprendem-se e o chão se cobre de amarelo,
um amarelo tão amarelo que não é amarelo,
senão a mancha que se corta em fragmentos,
como os destinos das pessoas que se perdem.

Há nesse quadro alguma coisa que cobre,
esse silêncio feito ausente na boca,
quando a saliva escorre
e a palavra se grita por dentro,
como ferros retorcidos de um desastre.

Há poucas ruas que acolhem os sapatos,
como instantes que deixam de existir nos relógios,
pontas de punhais agudos no grave tempo que se espera,
esse deixar-se morrer
como se fosse assim a sina dos que se matam.

11.

A poesia se imola no seu momento de sombras,
como se fosse uma xícara de veneno,
dessas que se bebem ao final de tarde
para não mais ver o amanhecer.

Quando dessas nuvens escuras nascem as aves,
procuro-me nas ramagens e nas torres das igrejas,
como se assim pudesse devolver-me os sentidos
e pudesse
calar noturno a noite que me aquece,
sinos que me fazem acordar
nos pedidos de uma prece.

12.

Aflitos tons de cores que desconheço,
asas de pássaros mortos nas janelas,
tenho talvez um terço nas mãos,
talvez reze orações que não sei
mas falo a um Deus que não se comove
com os grãos da terra e das plantas,
do meu passo ferido que não se move.

Há esse tempo de espera
como se assim fosse viver,
a alma por dentro, essa fera,
o que se mostra a se esconder.

Não há dia por vir
senão o que se finda
no ferimento de ferir
que não chega em sua vinda.

É preciso no entanto calar esse vento que se acresce
e se multiplica nos altares,
santos que se afligem nas velas apagadas,
esse andar-se em si à própria procura,
esse gritar-se no seu grito
na palavra que não tem cura.

13.

O canto é canto enquanto é canto,
a palavra que se arranca da intimidade,
onde o mar termina num soluço:
tal força desse temporal que tira as raízes do chão,
ostra que se esquece,
de tal esquecimento que enleva
essa dor que se padece.

Não seja a serpente desse dia a reinventar-se nos ciprestes,
nas escamas dos peixes que morreram:
o dia por nascer ainda não é dia,
apenas a mancha que se tece,
o tempo que não se permite,
a morte em si, que se enaltece.

O que se faz é a noite em sua costura,
agulhas fundas numa linha derradeira,
a noite bárbara na espessura
que se dura a vida inteira.

14.

Não se cale o pássaro
em toda a manhã
de seu inverno,
quando chovem as palavras molhadas,
o oceano último que se esvai:

a água fala em seus sentidos
e a poesia tenta sobreviver,
mas é tarde.

As águas mudam e não transformam o homem,
nem a sílaba do silêncio que corta como uma faca,
nuvem espessa que no espaço da casa sufoca o aceno,
como se fosse essa agonia de sentir.

Não se fale nos antepassados esquecidos,
naqueles que se guardam nos momentos que não se alcançam,
tempos áridos no canto da boca,
o lábio que se fere num beijo em fúria,
a palavra que não se diz,
as faces que se mexem isentas de sua culpa.

Mas tudo se esquece no entanto tudo se esquece,
não passa o tempo em vão nos vãos do que desaparece,
o ausente
como se em si mesmo se ausentasse
o que nessa luz se escurece,
o que se vinga por forma rara de se arrancar por dentro,
como se fosse um vaso que se quebra ao vento
e se desfaz na própria argila de que foi feito.

A solidão destes dias corta com a lâmina de seu tempo,
como se tirasse a folha terminal de uma árvore,
como se fosse assim sua própria raiz a ser desfeita.

Não se cale a ave que no voo incerto se deixa sem rumo,
como a voar em volta de seu próprio corpo,
o que lhe resta para sair de seu templo.
Resta-lhe a alma de pássaro, outro pássaro dessa alma,
nesse voo raso na espessura de seu espaço,
de seu espanto.

15.

Ainda espero uma gaivota que não sei de onde virá,
voo lento dessa ave a observar os peixes,
como se com ela devesse partir também,
para trás dos oceanos, onde os oceanos acabam.

Ainda espero porque é certo que há de se renascer
em si mesma
essa concha escondida de meus segredos,
esse gesto que se corta brusco
nos meus sonhos, meus degredos.

16.

Mais do que ausente é ser invisível
por dentro onde a alma caminha presa,
e por estar presa,
caminha em seu silêncio,
faz-se mais sozinha no que não existe mais,
a contemplar-se no próprio corpo,
essa aura que termina no jamais.

Vai-se pelas águas o que resta do ser noturno,
os passos que afundam em sapatos distantes,
o que se vai para sempre
a se negar nos seus instantes.

Pois nada há do que se fez no seu limite,
a negar-se na morte que me pensa,
a calar-se na vida que me acolhe
no naufrágio perdido de minha crença.

17.

O que desenho neste espaço
é o próprio espaço do mar,
palavras líquidas do desassossego
nas sombras grudadas nos pés,
esses que se buscam em toda parte,
a pisar nas pedras
como se fosse assim estar sempre
onde tudo se finda num risco vermelho,
o rosto branco que desaparece
na imagem nítida de um espelho.

18.

Da morte rara que me ocorre,
colhe-me tal sombra como uma noite,
dessas espessas que envolvem tudo,
a circunstância dos passos incertos
que esvaem os destinos.

Não me existo mais nessa poesia
que tento colher das ruas e dos objetos,
como se de alguma maneira isso fosse importante,
quando nada tem importância alguma,
entre os resíduos do que não resta.

Não me existo mais nessa imagem
que não quero colher,
como se de nenhuma maneira isso importasse,
como não importa nada,
no que deixa de ser.

19.

O poema é um resíduo de si mesmo,
um pedaço de algum vaso partido,
uma palavra
como a pedra preciosa na coroa de uma rainha.

No entanto, as rainhas todas morreram,
sem que delas pudesse me despedir,
sem que soubessem de meu gesto súdito.

20.

Rara foice de água feita, pedra que não se calcula,
quando dentro do coração amanhece:
assim se cala esse pássaro ferido que me aguarda,
que de seu canto nada há senão a sílaba que se acaba,
essa palavra que não tem nem existe,
essa palavra bruta que desapareceu,
mas não desiste.

Raro espaço que me cerca entre as lâminas,
asas que se partem num voo derradeiro,
tudo é último nessa ausência
e sendo último é sempre primeiro.

Porque tudo vem antes,
quando não se imagina
que da sombra que sobra
revive o gosto de uma sina.

Cala-me para sempre esse mar,
e o mar me chama
como chama acesa em fogo,
como se fosse além dessa chama
este clamor da minha intimidade
que no fundo de mim me clama.

Raro instante do sal que corta o fio da vida,
como se tudo acabasse de repente,
tais sinos que ainda batem
no entardecer que já não sente.

Raro poema que escapa entre os dedos,
na saliva de sangue que escorre,
essa água desse mar e dessa ostra
que em sua fúria me socorre.

21.

O mar me chama,
sei por mim que ouço ainda seu soluço,
palavras de águas antigas,
o mundo por percorrer de antigamente,
não me traga mais do que a ausência,
esse ferimento que se abre sempre,
a tez do grito que se deixa à boca,
dente que de sua porcelana salta,
cavalos-marinhos entre as estrelas,
luas novas mergulhadas nas poças,
essa poesia que fere fundo
e nesse ferimento mostra um riso
feroz que se revela no seu mundo.

22.

Não se faça da ave quieta no seu ninho
a maior ausência do que não existe mais,
esse entrar-se por dentro,
como se não fosse o próprio ser,
a procurar-se no escuro dessa existência,
onde não há recuo
nem se permite a clemência.

23.

Sou marinheiro de mim, mas não me basto.

Devo morrer dentro do mar.
Sentirei uma dor no peito e será só.
Ninguém vai perceber.
Ficarei ali deitado como se estivesse a dormir.

Será já perto do sol se pôr,
entrando no oceano como uma imagem que afunda.

No outro dia já pela manhã darão por falta de mim
três ou quatro amigos sem acenos.

Por fim me encontrarão como adormecido.
Depois me levarão embora
e verei o mar cada vez mais distante,
onde ficará guardado o meu destino.

Poeta, devo pedir perdão pelos meus crimes,
aqueles cometidos especialmente à noite,
quando passeava em mim florestas antigas
com meus lobos
a pegar sombras junto às árvores
e pássaros doentes para cuidar dos ferimentos.

24.

Quando o poema se escreve diante do mar português
é diferente:
as palavras são outras,
uma canção que não me pertence, mas me habita.

São palavras de outra terra
que uso como se fossem minhas,
    mas não são,
      no entanto,
pertencem ao meu vocabulário de poeta estrangeiro.

25.

Diante do mar de Portugal o silêncio também é outro,
porque há pedras que param as águas
nos véus das brancuras.

Porque há perdas que param as pedras
nos céus da lonjuras.

Por vezes me deixo aqui a morrer um pouco a cada dia,
porque tem mesmo que ser aos poucos,
toda morte devagar parece doer menos.

26.

Ao nascer diante do mar,
o poema é diferente,
especialmente em Portugal,
onde a poesia se guarda por dentro
e só se deixa tocar
por dedos delicados e mãos acesas,
dessas que ainda podem
separar as estrelas no firmamento.

Pois do gosto de sal no canto da boca,
esse lábio partido ao meio,
e as escamas dos peixes tardios,
pois desse instante
nasce a fenda desse corte,
essa faca
que escondida no bolso esquerdo
corta o mar em fatias,
pedaços da água que se espuma
e se perde
em portos antigos de embarcações
que se perderam.

27.

Tenho o aspecto de quem partiu para sempre
num navio condenado ao naufrágio,
o que me levou aos continentes fora do mundo
a dar-me lições amargas de um mau presságio.

Colhe-me a sombra do oceano
e vêm-me a mim poemas afogados
    dos poetas marinheiros.

Quero no entanto acudir-me de mim
além da narrativa que a poesia me dá.
Quem sabe matar-me diante das águas,
sem pedir clemência a nenhum deus.

Sair-me de mim como uma ostra,
assim invisível, como se não me existisse,
como se me fosse em mim a imagem distante
    de um dia por nascer,
o olho da ave que se percebe
    a bater-se nas pedras.

Esse momento que se deslumbra
não é de encantamento,
apenas se mostra nessa penumbra
para morrer no esquecimento.

28.

Diante do mar português o poema é diferente,
porque o mar nesse poema é coisa concreta
e nessa concretude
o poema se narra em si mesmo
com as palavras que deixaram de ser.

Fosse-me de mim e me faria melhor,
assim partindo para o fundo dos oceanos,
numa paisagem de tal densidade
que a escuridão deixaria de ser.

Do fundo de minha reminiscência
partem alguns navios para um mar desconhecido.

Falta-me o olhar das sombras,
aquelas que vivem nos porões,
escondidas em si mesmas.

Falta-me o espelho definitivo
onde não me veja em minha imagem que se apaga.

29.

Os dedos caem das mãos,
primeiro os da esquerda,
depois os outros e também dos pés:
caem como se não fossem mais necessários
junto às escamas afiadas que cortam,
unhas desfeitas como uma oração desfeita.

30.

Que de vós me aparte os receios que tenho,
de vossa boca de uma rainha aflita,
que me venha de vós os dotes de uma mulher,
para que em mim possa plantar-vos
com a raiz de vossa vida,
vosso pálido olhar que esconde o dia
na jura de amor já esquecida.

Que me venha de vós e destas águas
as unhas que me cortam noturnas,
quando vos dizeis sozinha
ao entrar em mim com vossos anéis,
sem a vossa dor, que a dor é minha.

Guardai então em vossas vestes
as marinhas de Portugal,
essas que me levam ao meu passado
onde repousa a memória que me guarda,
como o sal líquido que a vida me alimenta,
o que se esconde no tempo devorado,
que minha pena só aumenta.

31.
Quando de mim em minha busca
me achar no que procuro,
farei talvez o poema desnecessário,
já que a poesia dos oceanos
corta como escamas ausentes.

Corta-me a boca este gosto de sal,
o poema se esquece das palavras que morreram
e tudo se faz dessa morte do instante,
entre a espessa faca,
esse véu nublado nas nuvens
que se rasga no corte exato
    que exaspera,
a fúria que se estende ao poema,
a poesia que morre e não espera.

Que fosse o chão das águas,
o voo de uma gaivota,
dessas que mergulham para pegar o alimento
e voam depois para o nada.

Que fosse do som das águas,
o pássaro que se fere
e se desvoa por dentro de seu avesso,
a mostrar-se mais nítido ao mar de seu ocaso.

32.
Rezo à Senhora dos Remédios
para curar-me da existência,
prece de palavras
que me saltam à boca
como gafanhotos que se perdem.

Rezo à Senhora em seu altar em silêncio
para que me ouça as dores que me trago,
sou um poeta antigo,
daqueles que ainda acreditam.

A Senhora dos Remédios me observa
    com olhos calmos,
vejo-a a chorar-se por dentro
como se quisesse sair para o mundo
por essa porta invisível que não há,
por essa fresta de sombra
que guarda nos olhos seu brilho,
o rosto branco de um branco que não sei,
aquele que cobre o véu de uma face ferida.

33.

Do tempo que me conclui
    sempre me faltará o oceano,
aquela densa escuridão que não termina,
talvez abrigo derradeiro
    dos que fogem para o nada,
assim com o cajado de seguir pelas montanhas,
onde os duendes adormeceram nos poemas.

Pois que diante do mar
tudo desaparece como por encanto,
como dizem as mulheres tristes.

Pois que diante do mar tiro minha pele
e de dentro de mim me deixo nascer
    como nascem as cegonhas
    nas torres das igrejas.

Quando então se calam as noites
no corte ausente de uma lâmina,
a água escorre entre os silêncios:
é aí exatamente que o mar está vivo.

Pois no mar de Portugal está a alma
de todas as coisas possíveis,
a alma impossível de dizer-se, de pegar-se,
nesse exato instante em que se morre,
naquele elo
em que se juntam os acenos
em que

ao ver-se longe, apega-se a esse abraço do desespero
para que tudo se faça distante.

34.

É mesmo preciso ir-se como se não fosse,
mas ir-se como vão todas as coisas do mundo,
incluindo-se as palavras que ainda não foram inventadas.

As marinhas podem ser azuis,
dependendo da cor da tarde.
Já perto da noite
as marinhas tornam-se escuras,
como uma mancha que não tem retorno.

As marinhas são etéreas como as almas,
especialmente as que padecem
à espera dos anjos prostrados
com espadas nas mãos.

As marinhas também podem ser vermelhas,
depende da hora da tarde,
quando as nuvens se escondem:
as aves então se mergulham em si
e procuram as árvores
onde reside a própria casa do silêncio.

35.

Nítida a paisagem nas águas,
imagem que se detém,
parco espaço das distâncias.

Eis-me aqui a engolir os temporais:
São João da Pesqueira velai pelas águas
que me conduzem não sei para onde,
como a evitar-me das chuvas,
a calar-me no Vale das Almas,
onde me deixo a cantar infortúnios
que me parecem salvar do que de mim ausente
que se acrescenta a cada gesto.

36.

Aos poucos corta-se essa face que não se mostra,
que escondida se perde na memória.

Assim se desfia o tempo nas páginas de um livro,
as que foram esquecidas para a vida.

O mar de Portugal, no entanto,
inova uma paisagem que morreu
e faz nascer entre a aspereza
o caule desse dia que se reinventa.

Não é necessário conhecer somente o som das águas,
mas o gosto.
Está nesse gosto dessas águas, o sal,
a alma das palavras
que podem ainda fazer o poema.

Mas o poema não se faz,
antes, desfaz-se como uma pedra que se quebra,
o vaso de porcelana que trinca ao vento.

Não se faz o poema nessa escuridão do poema,
mas diante do mar é diferente,
porque desse naufrágio da palavra,
as marinhas de Portugal representam vida
nesse azul que se decepa.

37.

Não tem culpa esse azul infinito,
já que a palavra se desfaz.

Por perversas palavras
o mar me atravessa ao meio,
lança de vidro que corta esse tecido da paisagem,
o pano branco do poema
que será lido só daqui a dezoito anos,
quando nada mais será preciso.

Vou-me buscar onde as chuvas destruíram tudo,
mas fizeram renascer uma planície.
Resta-me o gosto do sal das águas,
         o sal das águas
resta-me como a última coisa a sorver.

38.

Suplico-me em mim
como se me fosse outra pessoa,
mas na súplica falta-me o sal da lágrima
nesta pálpebra que se anula.

Assim é o desejo de mergulhar para dentro
do próprio corpo e virar-se do avesso,
como a dizer-me todas as coisas
já que dessas coisas sempre me esqueço.

39.

Trancai a porta por dentro
e não deixeis de falar-me de vosso pressentimento,
que as marinhas que não conheço
são em mim o meu descobrimento.

Deixai em vosso manto todas as juras,
vossa cama destas águas em que me deito,
vosso amor sem achados, de procuras,
por esse gosto que me devora em vosso leito.

Pálido oceano que as marinhas me revelam,
ir-me sempre ao encontro de vossa fúria,
mas não deveis ouvir-me em meu chamado,
nos pecados que vos tenho por incúria.

40.

Por que me interessa o mar,
se o mar não existe
e a poesia não é em outro tempo?

É que me volto de mim,
na memória que me esconde,
sei-me em algum lugar de mim despido,
num tal mar que não sei onde.

41.

Quando fui poeta as palavras tinham significados vários
que foram com o tempo se perdendo,
depois deixaram de existir
nos poemas que a mim fiquei devendo.

O tempo é esse verso que não digo,
dessa poesia em que não acredito, que não falo,
da palavra inútil que se perde num poema,
esse grito que me grita o que me calo.

Mas talvez possa restar um único verso:
está no mar de Portugal da poesia a intensidade,
nessa lírica do poema que se quer mais denso,
na palavra certa, na mais densa densidade.

42.

Nasceram-me as marinhas de Portugal
quando, como um poeta, olhava os pés de amoras,
vieram depois as águas de um tempo incerto,
paralisado para sempre em suas horas.

Nasceram-me assim essas marinhas
que em mim renasce o que me resta da poesia,
o mar português em um poema
como a viver a vida toda num só dia.

43.

Então vos deixeis em mim por vossa ventura
para que sinta em minha boca o vosso gosto,
para que, em vosso espanto me mostreis
o vosso amor no que sou no meu oposto.

Deixai de vossa bondade por semelhança,
ao ver que sou em vossa ausência,
o que vos interfere na vida que não tem rumo,
meu destino à morte a vos pedir clemência.

44.

As algas e as gaivotas, as ostras e as raízes,
o corpo líquido do sonho,
que sonhar é ainda preciso,
como viver é preciso,
já que do sonho nada escapa ao seu espanto,
já que do sonho nada escapa ao seu encanto.

45.

Os poemas estão mortos nos livros
como palavras indecifráveis de poetas que não viveram.
A poesia tem essa faca que fere,
um fino corte que se descobre só depois,
quando não há mais tempo para recuar.

Meus pés nas águas pedem-me sinas,
como se eu as pudesse ter.
Não tenho destino algum,
nem sina para viver,
que a sina é o destino que faz.

Pedem-me, no entanto, meus pés nas águas,
à beira desse mar,
que eu me vá para dentro
no que não sou mais de mim.

46.

O olhar estrangeiro que me guardo
para observar essa ave que não volta,
também me faz ver esse mar que se estende
como se fosse uma planície.

Mas meu olhar estrangeiro também
me traz o tempo incerto do regresso,
esse de entrar-se em si para à alma chegar,
como se entra numa casa sem portas.

47.

Os barcos que me navegam naufragam sempre em alto mar,
onde as águas escuras se transformam em sombras.
Sendo a face do esquecimento,
pouco dela se restará na memória.
Quase nada se percebe, no entanto,
não vale insistir nesse ausente percurso que leva ao nada.

48.

Por tal canção que ouço não sei de onde,
nascem-me as palavras que o poema esquece,
com voz longínqua
essa canção que vem do mar invade-me como a um continente,
assim com minhas partidas, as que desesperam,
as que no instante aflige o tempo de nascer,
como se fosse assim, exatamente assim,
essa canção que nasce das águas mais profundas,
que me chega como soluço num apelo,
sílabas de sangue,
como a asa de uma ave,
ou uma xícara de veneno,
esse cristal da palavra ausente
na imagem que se conclui.

49.

O poema não interfere em mim,
que me quero algoz
para matar-me aos poucos a cada dia,
quando os pássaros ainda adormecidos
não sabem das chuvas.

Perto dessa tarde talvez cante
o silêncio em que me escondo,
onde vive o sentimento de existir.

Perto dessa tarde onde me guarda a existência.
Por certo os oceanos cobrem os gestos
e fazem na nitidez dos espelhos
a imagem mais fria da própria face.

50.

Embora não sejam, os corais são vermelhos,
os corais, embora não sejam, são vermelhos,
os corais são vermelhos, embora não sejam.

Nessa distância do dia por vir,
pode-se reinventar o mundo e a poesia,
pode-se, também, dar-se um fim a tudo.

O que de ausente se mostra o poema não alcança.
É aí que entra o mar a sair-se de si,
nas sombras das águas derradeiras
onde se afundam as figuras do naufrágio.

Palco que não existe,
o corpo é a casa dessa passagem que nos espera,
como se por dentro houvesse um tempo infinito
que não há,
como se por dentro houvesse um gesto invisível
que não é,
como se por dentro houvesse um ser distante
que não foi.

51.

Pescador de mim, pesco-me no horizonte,
onde termina o mar
e onde o mar começa
nesse risco que separa as águas do céu.

Pesco-me no que tenho de mim,
naquilo em que não me existo mais,
onde de mim desapareci,
como se esquecido numa fotografia.

Depois me aguardo chegar a casa
e ao abrir as janelas deparo-me comigo
a ler um livro
como se me fosse o último ato de viver.

Desse tempo não me atrevo,
concha que guardo com rendas das ilhas,
pequenas pedras que à margem
observam o cotidiano,
dia após dia
a correr numa paisagem que se apaga.

Não me atreverei dizer-me
qualquer que seja a palavra,
as que nascem na língua árida,
porque na aridez os poemas
morrem como os pássaros
que anoitecem nos templos.

52.

Talvez um poema, mas não é provável,
porque os poemas deixaram de ser,
já que as palavras não servem para nada,
exceto
quando saem do mar português
em que navegam os poetas
a fazer desse mar uma nuvem possível
para navegar onde nascem as luas,
como se assim pudessem voar
a liberdade da palavra que sangra.

53.

Quando nasce esse dia que se espera,
não é o dia que nasce como se pensa,
mas sim esse dia em sua plenitude,
como se fosse um dia verdadeiro,
desses que despertam as aves
e fazem o mar ficar mais claro,

que fazem florescer as planícies
como se fosse preciso existir o poema,
com essas imagens que tantos poetas já usaram
como se do universo colhessem a matéria necessária
e dela fizessem uma escultura,
da mais funda argila que se possa mexer,
igual às marinhas que despertam as águas
e se deixam existir na natureza,
um toque de leveza em todas as coisas,
quando nasce esse dia que se espera,
como se fosse ele, esse dia que não é,
mas o dia que se inaugura
sem avisar dos seus detalhes
e se passa livre sem perceber.

54.

Fazer desse mar um espelho de todas as memórias,
nessa água de pessoas que se perderam
com chapéus na cabeça,
os casacos esquecidos nos ombros.

Fazer desse mar esse mesmo mar,
para que seja igual ao mar que habita a poesia,
as aves
que procuram os peixes,
que no voo
a vida se faz necessária.

Fazer do mar uma mancha vermelha,
como um vinho derramado à mesa,
uma terra de aromas e outros gostos de amoras,
dos cachos de uva nos quintais que não tenho.

Fazer desse mar que me engole
e depois me devolve,
um vaso de plantas,
como um objeto que não lhe pertence
nem lhe cabe guardar.

55.

Não há poema sem risco,
esse corte que se afunda, como um barco,
esse corte
esse corte
que escapa da faca e seduz a pele
como se a abrir a fenda da própria vida.

No risco do poema joga-se a sorte,
também a memória,
também a alma,
também o tempo de viver,
também a existência,
também o próprio poema e seu destino.

O poema se risca e se desfaz no seu rascunho,
seu invólucro de seda, pano no azul em sua linha,
agulhas que se costuram no exercício de fazer-se
a cada dia
e a cada dia
refazer o tempo tecido na teia de um aceno.

56.

Derradeiro dia que não há mais,
folhas de árvores antigas que cobrem meus sapatos:
olho-os com a surpresa dos loucos
e lhes pergunto para onde ir.

Nada me dizem, mas seguem indefinidos
para lugar nenhum, como se assim pudessem
me trazer de volta de onde não estou.

As figuras que surgem das águas são claras
como a luz que se apaga,
e dizem-me palavras que esqueço,
que saltam de suas bocas cortadas,
como uma ferida muito grande
que se abre aos movimentos da fala.

57.

Talvez exista um poema medieval,
daqueles que foram cultivados na alegria,
quando ao pôr do sol
se punha também a liberdade,
com tal presteza
que do arco oculto onde vive a alma
nasciam as plantas de um tempo inacabado.

Mas tudo se acaba no tempo certo
que se mostra, face dos templos e dos deuses,
dos degraus e dos sinos que despertam o fim da tarde,
as mulheres de xales negros na cabeça
e na distância de todas as coisas,
as grades que ceifam o gesto,
com tal golpe fatal que aniquila tudo,
as plantas e os vasos,
as flores de abelhas doentes,
os girassóis no quintal derradeiro.

58.

As marinhas me afligem a memória
porque me levam à minha própria distância,
sem que lhes possa impedir esse movimento,
levam-me e me trazem de volta,
mas sempre me falta alguma coisa,
algum pedaço de mim
que fica em algum lugar que desconheço,
onde meus pés ficam no raso das águas,
no descalço pressentir que se invade,
esse tempo inconcluso
na inconclusa concha de segredos,
onde o oceano se acena em sua sina,
ali onde o céu tem seu começo
e o mar no seu tecido se termina.

59.

Sei que me chamam as chuvas,
temporais imensos que derrubam os telhados das casas,

os móveis em que me guardo em gavetas trancadas por fora,
como se assim pudesse de mim separar-me para sempre,
sem acenos ou preces ou palavras ou poemas ou poesia,
como se assim pudesse em mim calar-me
sem poesia ou poemas ou palavra ou preces ou acenos,
como se assim pudesse.

Não há no entanto a sílaba que salta da boca,
bola de sangue no profundo da dor,
o corte contundente da lâmina afiada,
os dedos que caem à relva
entre as ovelhas que pisam frágeis na terra
e nas sementes que esquecem de nascer.

60.

Quando então renasce o sol que não se vê,
bola de fogo a queimar as imagens,
é possível
saber-se o tamanho dessas distâncias,
como um risco de arame a cercar um rio irremediável,
ou o avental
de minha mãe a colher figos,
mas a tarde já é ausente
e o mar escorre como se num azulejo,
a fazer-se em palavras no lábio cortado,
a língua
à espera dos licores que se fazem das frutas,
árvores que se findam em si mesmas,
na raiz de sua face,
na seiva de sua alma,
como se fosse seu coração.

61.

O mar é tardio,
mas não sei explicar,
já que o sentimento é não sentir,
nessa ordem natural das coisas
que nascem
que morrem
nessa ordem natural de não saber.

O mar é também notívago,
quando se entra em si mesmo
e destrói nos barcos naufragados
no antigo espelho onde o rosto
não está mais.

62.

A face antiga habita o espelho
no que se faz ausente:
um rosto de pálida tez,
costurado em sombras,
como uma fotografia
que se apaga com o tempo.

As manchas se tecem
como um líquido numa xícara,
chá de ervas e de raízes,
de musgos e de folhas,
a lâmina acesa
que se estende num corte.

63.

Por mim passaram alguns poetas
que aos poucos esqueço,
já que a poesia não se guarda
nessa imagem em que me teço.

Faço-me e isso é tudo,
porque a palavra é efêmera.

O poema é efêmero no efêmero
tempo de sua existência,
na efêmera existência que se fere
nos calendários perdidos
debaixo das pálpebras.

64.

O corpo é pouco nessa pouca claridade
do dia que não há,

os sentidos de todas as coisas,
as que são, as que deixaram de ser,
as que ainda serão.

O corpo é pouco.

Não cabe nesse corpo um punhado de sonhos,
desses que aparecem nas esquinas,
especialmente nos portos,
de onde partem sempre as coisas que morreram
com a leveza das velas no sopro do final de tudo.

65.

Do passo leve levam-se as pedras,
leva-se de suas arestas a pontas agudas de seu tempo,
o grave silêncio que delas saltam
como espantos.

Partem assim para sempre as aves escuras
que permanecem na memória que não esquece,
a vida separada ao meio,
em duas faces,
em dois pedaços,
em duas fatias,
em dois mundos,
em duas mortes,
em dois gestos inúteis.

Partem para sempre,
como se nunca houvessem habitado
esse lugar desconhecido,
uma casa invisível
no que se cala esquecido.

66.

Parques de silêncios,
 esta praça
 que se cobre no sangue dos derrotados,
 essa ferida que se abre sempre,
  que se abre sempre,

que se abre sempre
nessa mesma praça onde permanecem os sapatos
em busca dos destinos.

67.

Nunca imaginei que voltaria a ter oito anos.

A poesia arranca da planta a seiva que faz viver
e morre junto às folhas.

A poesia morre junto às folhas
ao arrancar da planta a seiva que faz viver.

A poesia arranca a vida e a seiva e o caule
e a casa da árvore por onde andam as formigas,
depois morre intacta.

Como se nela ninguém pudesse mexer,
essa poesia que se revela nos objetos,
na profunda imobilidade da morte,
as sombras que me batem à porta
e pedem para entrar em minha sala
onde meu retrato me observa com olhos apagados.

68.

Em vosso leito de tantas águas e chuvas,
morro-me como se assim pudesse salvar-me de mim,
por isso vos peço: calai tal dor que vos acomete
e deixai que vos ame com o desesperado amor que me insiste,
nuvens que escurecem o universo de vosso espelho,
esse mar que vos cala
quando em vosso leito de tantas chuvas e águas
desperto de mim
essa parte que ainda intacta espera o passo,
o sapato que afunda na terra
como a se despedir.

Assim vos peço como numa reza,
que fiqueis à janela a olhar as aves,

essas que percorrem o mal que vos fere,
ferimento que se abre em meus pecados,
por assim
vos peço que rogueis por mim a vosso Deus,
para que em minha sina
possa dizer-me numa prece
que esta dor que me destina
mais por vós em mim padece.

69.

Repito algumas rimas para enganar-me
já que a poesia, como o mar, é sempre ausente,
basta não vê-la ou esquecê-la,
porque por dentro do ser poeta a alma sente.

70.

Passos lentos levam o poema no que se apaga,
a palavra inútil de um verso
e a poesia que se perde no que antes havia e não há mais,
talvez a nuvem que se estende no universo,
como se assim – guarda-chuva do nada –
pudesse cobrir-se em si mesma,
como a fugir-se de sua sombra.

As velas acesas queimam devagar os seres invisíveis
que habitam os quartos
e se deixam nas cortinas e nos quadros
grudados nas paredes entre as janelas.

71.

O mar perdeu-se para sempre
e foge ao próprio desaparecimento,
como se desaparecer fosse a magia desse instante,
os seres que habitam os livros,
os poemas híbridos
que se deixam escurecer
e apagam as próprias palavras desnecessárias.

72.

De Portugal me habitam as igrejas
e a face de santos
na dor tão longa dor tão funda
que à porta do templo
os joelhos dobram nas pedras.

Além do mar, habitam-me os santos,
altares em que me misturo,
amálgama de mim em mim,
no ser que me despreza e me beija a face,
o ar que falta,
a folha que se arranca,
a raiz que permanece.

73.

A Primavera de Portugal
me faz dizer um verso brasileiro,
de um poeta que se deixou morrer numa gaveta,
com as mãos de acenos aflitos,
como a gaivota de um fado antigo sobre Lisboa,
um pranto num instante qualquer a esquecer,
porque esquecidas são todas as coisas,
todas as roupas,
todos os poemas.

Vejo os campos onde Caeiro caminhou ovelhas
para contemplar a paisagem ferida,
lanças de fogo, golpes derradeiros,
soluço que salta da boca
como a palavra numa carta suicida.

74.

As palavras não deviam existir
e o poema
deveria de ser mímico.

Quando a partir
– essa imagem antiga –
deixo-me sempre em pedaços no porto,
às vezes um dedo do pé esquerdo,
outras
o lábio inferior de beijos calados,
às vezes o paletó sem serventia
e por fim os óculos
que me definem a paisagem.

Deixo-me também por inteiro onde ninguém vê,
lugar incerto que me adivinha
e aos poucos me faz desaparecer,
a começar pelos cabelos,
depois o rosto,
depois o resto,
depois a rima,
depois do remo,
depois o ramo,
depois o rumo.

Mas quase sempre não me levo ao partir de mim,
quando os sinos das aldeias chamam as senhoras
a rezar pelos mortos e pelos vivos,
pelas almas que penam no infinito.

75.

Os vultos cercam a mesa e se sentam à frente do espelho,
devoram-se entre si a fome dos alimentos,
a água que se esparrama,
o copo que se parte,
a colher que se esquece,
o tempo que deixa de existir.

Pálidas mulheres colhem o trigo e as avencas,
descalças pisam a terra, alheias à vida,
como se pedissem desculpa por arrancar as raízes
do próprio corpo, dos seios brancos,
e dos pelos negros que crescem entre as pernas,
essa escuridão do amor,
esse entrar-se para dentro como a esconder-se.

76.

Dos temporais talvez despertem as relvas,
tão verdes
quanto esse verde sumido nas cores:
todo o infinito engole as pessoas sem mastigá-las,
com a alma que se multiplica
e voam com as amplas asas de algodão,
como as dos anjos dos catecismos,
quando viver era um pecado mortal.

77.

Senhora dos Remédios,
o mar feriu-me para nunca mais.

Falam-me as águas a linguagem que não compreendo,
como se dissessem das imagens
que se mostram sempre nos espelhos,
onde habita o espanto.

A face nítida que se resvala
na palavra aflita do encanto,
o verso poético que não se fala,
que me sufoca, mas eu canto.

Canto até que a canção não seja mais,
menestrel de mim em minha volta,
as cordas que amarram na palavra,
a sílaba que me prende, que me solta.

78.

Tudo que me deu a poesia portuguesa
foi bom,
até a dor.

79.

Vou-me de mim,
como se partisse para sempre,
mas a poesia não é tudo:

falta sempre o grave silêncio que impõe a palavra,
essa sílaba que da boca salta
como o punhal que atravessa o desespero.

Assim, vou-me de mim,
como se pudesse achar-me a acompanhar um rebanho,
e dele tirar as palavras
do poema que na inutilidade da poesia
se desfez entre as pedras e os abismos.

Do pássaro que me aguarda
espero
o bater das asas,
como se assim também pudesse voar
                              voar
                              voar
                              voar
                              voar
                              o ar

em que respiro a alma que me respira
e me paralisa em tal intimidade
que me falta da própria memória,
a minha imagem desfeita,
o fragmento que me identifica
entre os escombros do dia.

80.

Nada me espanta mais do que meu próprio ser,
minha face inútil no espelho,
a colher pérolas invisíveis nas ostras que não tenho,
como se a caminhar dentro de mim
pudesse alguma vez encontrar-me no que me resta.

81.

Assim me dizem os poetas, o poema e a poesia,
como a despertarem-me da calmaria,
quando a nau se aquieta no verso,

poema que não se completa,
a nau
a nau
o não
a nau que no naufrágio se engana
e se inclui no mar como sua parte,
a nau
que segue à sombra de sua sina,
navega seu rumo sem direção,
outrem de mim mesmo,
o tempo à deriva na face alheia,
assim diz a poesia
que na pouca fala que se contém,
deixa-se dizer o que se lhe permite,
mais que o acaso de si mesma,
o labirinto do oceano na palavra que não tem,
a avidez do tempo escasso que se alcança,
a avidez do tempo inútil que se colhe.

82.

Nau de mim a partir sempre para ninguém,
portos noturnos em insanas preces
de quem se despede de nada,
o abraço frágil que se cala,
esse sentir-se à margem da própria despedida,
como se a não sentir o que não sente,
a palavra falha em dor ferida,
o calar-se por dentro dessa nau,
como se assim pudesse calar-se mais
na boca amarga desse sal,
desse gesto que espera
em amargura tal
que no seu tempo desespera.

83.

Eu vos convido a vir à minha cama
com vosso aceno que em mim se emudece,
para que em vós complete a vida insana
que ainda vive, só por vossa prece.

Deixai em mim as águas, vossa chama,
destas marinhas que vossa vida tece,
este mar português que se derrama
em vosso amor que vivo, mas me esquece.

Pois em mim me debruço adormecido
por me ser assim, sem nunca ter sido,
o vosso rei por quem deixastes tudo.

O mar de Portugal que me pressente
ao vosso seio estar em mim ausente:
por ser somente um súdito, a alma iludo.

84.

Quando marinheiro,
sempre me perco nestes mares nunca antes navegados.
E assim perdido de mim,
marujo na minha antiguidade,
busco-me sem a convicção necessária
para salvar-me das tormentas
que me naufragam sempre no amanhecer,
quando o oceano fica ausente
na linha onde termina a água e começa o céu,
nesse tempo que se fere e não sente.

85.

O que se espera é a face inexistente
que se apaga sem imagem,
a palavra num poema veemente
que se desfaz na paisagem.

Partem então de mim o que me tinha guardado,
umas joias de um tesouro
de navios desconhecidos,
um estojo de acenos
e olhares comovidos.
Dos joelhos que se caminham em si,
como a se andar para trás,

doem-me além da alma que não sinto,
as águas que cobrem os pés nessa travessia,
esse andar-se em si, por caminhos outros,
onde não se há, senão a silhueta em traços finos,
quase invisível linha que nos separa,
a pálida figura que me observo,
que evito olhar, mas que me encara.

86.

A dor é líquida e escorre pela pele,
como de uma jarra sobre a mesa,
a cor de um corte.

É muito mais, no entanto:
é muito mais
que este poema que não escrevo
e que se derrama no papel
e escorre nos azulejos.

Sei apenas da poesia que deixou de ser,
das ruínas, dos escombros,
apenas das noites cortadas pelas tempestades.

Sei apenas do que não existe,
do que para sempre desapareceu,
como desaparecem as águas nos cântaros.

Mas não sei do que me escapa ao olhar,
nem das últimas preces das mulheres
que se deixam morrer.

87.

Belo é o mar que a chamar o poema
traz de volta a poesia que tenho por verdadeira,
de palavras duras,
da imagem que não se quebra ao vento,
que detém a fúria e contém a calma,
que é sempre derradeira
a respirar-se pela alma.

88.

No cais incerto em que me deixo
sinto destas águas o cheiro forte das embarcações,
barcos que não partem nem chegam
e permanecem guardados nos segredos,
como se escondidos em si mesmos,
com velas postas no passado.

89.

Vereis em mim quando em vós deixar
a face que vos oculta o sentimento,
esse sentir-se como se não fosse,
tão distante estais em vossa casa,
mosteiro de freiras em silêncio,
a vossa língua de rainha a percorrer-me o corpo,
como se quisésseis de mim sugar-me inteiro,
a tirar-me do pranto por vos perder
a última súplica a vos contemplar.

90.

É sempre partir para o desconhecido,
onde tudo se perdeu,
sapatos que seguem incertos,
e a palavra sempre a saltar da boca,
como os insetos entre as folhas,
como se a contar histórias de poetas,
as vidas que não vivem
e a morte
que presente aos anseios
a morte
com seu anel de receios.

91.

Ao vos pedir ao mar por clemência,
peço-vos também por vossa memória
trazer-me das águas o som dos ventos,

como se ao partir pudesse-me ouvir
em apelos tais de alguém
que parte para sempre, sem partir.

Assim vos peço que do mar me traga a morte,
por um só o instante que a mim seja derradeiro,
que nesse remorso me viva, a tal sorte
que aos pedaços de mim me sinta inteiro.

Peço-vos pois que da poesia dessas águas
possa invadir-me em mim mesmo,
a carregar numa caravela de mágoas
o marinheiro que vive em mim, a esmo.

92.

Quando a marejar de mim um ritmo que não sei,
ponho-me a pensar nos poetas que passaram
pelo mesmo mar,
com velas caídas e mastros quebrados,
numa viagem sem início ou fim,
apenas esse instante,
único.

A parte que me cabe desse mar não cabe em mim,
pois transborda as águas por meu chapéu,
meu casaco escuro com que espero chegar
todos os fantasmas marinhos que me chamam.

Não cabe em mim a parte que me cabe deste mar,
já que pelos meus continentes a descobrir
pouco me resta dizer ou colher de seus assombros:
essa parte
é a parte maior desse oceano
que não cabe em mim
já que me leva para sempre ao mundo
do meu espanto,
mas em vez de calar em mim a palavra
que me reduz a nada, eu canto.

93.

Os cantares das mulheres que colhem as uvas
ouço-os mesmo estando distante,
onde talvez não chegue o passo
que se esquece dentro dos sapatos,
um campo à relva entregue
com alguns pastores a observar não se sabe o quê.

No entanto, dessa planície densa
nasce o espesso aceno no espaço,
como se fosse assim colher as sementes do chão,
ou plantá-las com o zelo dos suicidas.

94.

Vede em mim por vosso sentimento
esse amor que doloroso me mata aos poucos,
esse calar em mim a vossa presença,
como se assim possa decidir-me pela vida
ou pela morte que me espera com as mãos de ouro,
a dizer-me palavras mágicas
que calam em mim perverso agouro.

Vede por vós que andais sobre as águas,
os passos leves de pés invisíveis,
vede
sem que saibas em mim o fim que me aparenta,
esse tempo que se alonga cada vez mais,
que se reduz, que se acrescenta.

Dizei-me as palavras das marinhas,
essas que cortam meu corpo, rainha,
como se corta o corpo de uma ave,
sacrifício do tempo bárbaro,
a faca que ceifa a vida em sangue que se esparrama,
o vinho que se consome na alma
e que ao leve toque se derrama.

Calai em mim essa fúria de tantos deuses, rainha,
tais martírios em que me sinto,

por saber-me à deriva
nos temporais que em mim pressinto,
as velas que se calam ao vento
no mais fundo dos oceanos,
a vida que me passa então nesse profundo
mar dos meus enganos.

95.

Às vezes não sei o que faço diante do mar
a observar as gaivotas no entardecer,
como se não estivesse vivo,
porque percorro sempre os mesmos lugares,
sem nenhuma biografia poética,
senão uma bolsa sem significado algum,
cheia de escamas de peixes imaginários.

Às vezes não sei,
mas sempre que compreendo
procuro esquecer-me imediatamente
para deixar que me cale o grito,
desses que tenho nas noites,
quando tudo se desfaz.

96.

Rainha Santa Mafalda,
percorro o rio Tinto onde morrestes
e entro para vos ver no Mosteiro de Arouca,
onde me encontra a sina do mar:
a vós, Senhora Santa,
peço salvar-me de mim
para que me possa penitenciar nos oceanos,
a calar um tal silêncio
que me ceifa o que tenho por meus danos.

Senhora Rainha Santa Isabel,
dessas rosas de Coimbra deixai-me sentir meu destino,
assim como se pudesse viver
sem saber de mim, meu desatino,

o pranto que me cala em meu percurso,
como se não houvesse razão para partir,
ir-me de mim entre as igrejas
e a tal sorte me descobrir.

Que me seja protegido na viagem que me faço
em volta de mim, onde não mais me estou,
a imagem que não me resta, apagada,
no que quero a seguir-me dentro de mim escondido,
espelho da minha face a mim negada,
no outro de mim, meu preterido.

97.

Os dias não passam como nos antigos calendários,
nem chegam a existir nesses números das horas,
nos ponteiros que vagarosos percorrem o tempo.

Todas as noites são intermináveis,
já que não há por que a noite se concluir,
sempre haverá de ser assim
a longa noite que interfere
    noite   fere
no próprio ferimento que se alarga
e se prolonga mais que o corpo
que se perde num porto de se ir.

98.

Assim encontro o mar português,
o que tem de poético,
este gosto de sal
num tempo brasileiro de poesia ferida,
faca de aviltamentos que dilaceram a palavra,
o poema que se corta no sangue dos versos
e permanece assim diante de si,
sem o gesto que o acene
e o olhar que o observe.

Assim encontro o poema
que me identifica

no tecido fino que me cobre
para salvar-me do temporal.

99.

Toda gaivota é sozinha dentro de si
e falar desse pássaro neste tempo incerto da poesia
é cometer um suicídio a cada minuto,
mas renascer sempre a cada dia.

Tal gaivota que risca o ar com seu voo
me faz lembrar do que logo esquecerei,
dos poemas que deixaram de ser escritos,
do poeta que não fui, nem serei.

100.

Trazei de vós que vos calais o pranto que machuca,
como se a dizer poemas para sempre esquecidos,
esse aceno bárbaro que se acrescenta
aos poemas antigos a vós devidos.

Trazei de vós, rainha, o que vos atormenta
nessas águas bravias de vosso pranto,
tal ausência que vos fere fundo
na árida dor de vosso espanto.

101.

O mar guarda deuses antigos,
os que permanecem nas águas,
com mensagens longínquas,
rezas apagadas,
a prece que não se diz porque distante,
sempre a palavra que se gasta,
as visões cortadas nos temporais,
gesto decepado da mão,
apelos cheios de dor, de ais.

Nessa escuridão do branco, no entanto,
vê-se talvez o deslumbramento,
quando do céu se desprendem todos os seres
que fazem parte do firmamento.

Nada resta então nesse rumo que se cala,
senão o tempo que se esvai,
aos pedaços do que se perde
mas se tece
onde o tecido se estende além da pele,
a face oculta de meu ser.

102.

Algas algumas águas algozes
aguardam alguém em agruras:
sacerdote que me acomete em pecados,
prego a palavra herege que me absolve
sempre o mesmo poema que não serve,
servo seria
se o poema fosse.

103.

Conheci o mar quando morri.

Foi numa tormenta no início da Primavera,
quando a terra se transforma,
mas o oceano se deixa esquecer.

Conheci o mar quando a morrer.
A primeira morte que não percebi.
Mas foi diante do oceano que me senti
nesse último instante de nascer.

104.

O ocaso que me cerca é o acaso que me expulsa,
como se outro corpo me vivesse com outra alma,
essa que está condenada para sempre,
quando existir o infinito,
ou o sentido dos objetos,
os insetos que cercam meus sapatos
e sobem por minhas pernas inexpressivas,
como a caminhar sozinho
no mesmo deserto de mim.

Tantos martírios guardam as águas,
os peixes mortos pelo sal,
dentes famintos que na fome se misturam
e cortam da memória
as imagens que chegaram a existir.

105.

Não há esse universo que não chega à poesia
os aromas das amoras,
nem as frases das uvas,
as quintas que floresceram nos quintais,
os pratos sobre a mesa junto à janela
no quadro que não há mais.

Os animais percorrem as montanhas
e seguem com eles esse pastor de estrelas
que sou sem o saber,
que sou
que sou
que
    sou

no instante que por derradeiro se desfaz
entre as árvores, as ovelhas, as folhas, o caule,
a ceifa
que ceifa tudo
que ceifa tudo
que ceifa tudo e tudo ceifa com a foice que anoitece,
as mulheres que se choram
no grito mudo que a alma esquece.

106.

No invólucro de meu vidro de perfume
há uma palavra gasta que não sei ler,
mas me diz qualquer coisa do mundo,
que não deve me interessar,
já que desse aroma pouco me importa saber.

Sou, entre os navegadores,
o que navega a memória,
as imagens antepassadas que me construíram,

que me alongaram os braços
e de mim
fizeram meu próprio espectro.

107.

O que há de mais perfeito na natureza
é o silêncio,
aquele que de dentro sai sem que ninguém perceba
e se estende entre os objetos
como as roupas num varal,
ou como o vento nos pés de trigo,
ou nos ninhos dos pássaros escondidos nas árvores,
esse silêncio
que da alma traz a palavra concluída
em sílabas ainda desconhecidas,
como se a dizer o que não é preciso.

108.

Desconheço meus destinos nessa aventura
de colher os girassóis ao entardecer:
por ser o poeta que não sou,
dou-me ainda a essas práticas,
como se o mundo fosse outro,
não esse que conheço
e com o qual me defronto todos os dias,
dele a fugir-me sempre
e com ele sempre a envolver-me em asfixias.

De meus destinos me desconheço por inteiro,
já que nada importa senão o mar
que me faz atravessar os desatinos,
a apanhar de mim o que não me tenho,
ao bater a música quieta destes sinos.

Então pareço comigo diante do espelho,
a face branca que me assusta,
o tempo que me atravessa a vida
que tudo me cobra e nada custa.

109.

É preciso compreender melhor este estar sozinho,
porque da solidão nascem os anjos obscuros,
desses que permanecem escondidos no céu.

Da solidão mais íntima crescem as plantas,
não essa solidão dos poemas e dos poetas,
mas a da vida em si arraigada,
assim profunda onde vive o poço da loucura,
essa em que a palavra não chega
e o infinito pouco dura.

Pois diante das marinhas que não vejo,
pressinto partir de mim o que me resta de humano,
não sou poeta nem pastor de rebanhos,
apenas sigo as sandálias que me guiam ao desengano.

110.

Atrás de mim seguem os animais
com quem falo minha linguagem esquecida,
especialmente a dos pássaros,
as palavras desse tempo que me invade,
as pombas, as andorinhas, os corvos, as águias,
esses que voam asas de vidro
à espera do fim da vida.

Há também a música das águas e da terra,
dos grãos que alimentam as aves,
o ritmo da natureza que segue e se acrescenta e se multiplica
e se desfaz e se revela e se liberta.

Há também essa música de flautas doces soprando
palavras brancas entre os dedos que me faltam,
minha respiração sem o ar necessário.

No entanto, a brisa cala
na face oculta do esquecimento
e assim, seguem-se destinos derradeiros,
como se depois me fosse viver
a navegar a esmo os meus veleiros.

111.

Por te esperar em teu encanto o meu destino,
perco-me sempre nas tuas marinhas
e o que de ti tenho em mim por desatino,
bebo do mar, num copo, as tuas vinhas.

Porque assim me conclui por peregrino
esse tempo em que as dores eram minhas
e a ti somente o amor, por clandestino,
de sempre vires, mas nunca me vinhas.

Nestas marinhas eu sou o meu abrigo,
te aguardo nestas águas derradeiras,
a sentir na mesma alga ser, contigo.

Pois assim me desvendas tua face,
tuas mortes em mim mais verdadeiras
e minha vida, enfim, como um disfarce.

112.

Embora masculino, o mar de Portugal
é uma mulher
que comigo se deita e de mim tira-me
toda saliva da boca
num beijo ardente,
mulher em desespero,
que não deixa, mas consente,
que não faz por sua nudez
o amor que fica ausente.

113.

Que vos cale em mim tal desatino,
a renda dos vestidos de uma aldeia,
mulheres que da vida pedem
o fruto que por elas se semeia.

Não se faça em mim neste mar que me afoga,
meu último gesto que mais não tenho,
a ir-me sempre de mim, a esperar-me sempre,
sabendo agora que a mim não venho.

Quero-me navegador sem uma sina
a sentir-me mais no sal das águas,
como se a dirimir de mim
no que me guardo por minhas mágoas.

Pouca a poesia, pouca a sílaba, pouco sentir,
pouca a palavra, pouco poema,
pouca alma, pouca ausência, pouco medo,
pouca sorte em meu dilema:

o de servir-me em mim das minhas chuvas
a intensa busca de meus acasos,
tantas flores que não tenho mais
nas janelas portuguesas de meus vasos.

Não é tudo, no entanto não é tudo,
este falar silêncios de mim mesmo,
como se isso importasse nos rumos
já esquecidos de quem só vive a esmo.

Os livros morreram e estão mortos os poetas,
esses que atravessaram as praças e as ruas,
que se deixaram sozinhos
entre oito estrelas e cinco luas.

Não cabe mais a lua num poema,
os poetas parnasianos e românticos
se foram para sempre em suas vidas,
na morte inútil de seus cânticos.

Catedrais calam a memória dos santos,
homens doloridos em feridas,
mulheres de véus aflitos,
portas de entrada, sem saídas.

114.

O mar será sempre pequeno
para tão longa viagem:
navegador à deriva,

vou mar a dentro
para não voltar mais,
nessa partida sem retorno,
engolido por temporais.

Vem da terra esse ausentar-se,
a nítida voz que se perde e se estende,
como o balde que derrama a água junto ao poço,
ou o vinho que cai da uva inexistente,
como a invisível bebida do nada,
o que há de vazio,
buraco sólido
que entra em si mesmo
e cobre todas as coisas na nitidez
do que deixa de existir.

115.

Líquida é a dor que escorre nos poros,
onde guardo ainda um pouco de minha respiração,
como se assim pudesse ainda seguir por algum tempo
a lavoura das raízes rasas de frutas amargas,
folhas de um Outono que morreu nos calendários,
um gosto de azeite,
os campos de árvores quietas,
e esse vento esse vento esse vento
     vento
     vento
que na brancura da paisagem desfaz
os acenos de uma planície que renasce,
como podem renascer as aves e os grilos,
as formigas, as abelhas, os répteis,
como podem talvez possam renascer
os prantos das mulheres
que se despedem e se vão entre as sombras
de um instante final,
onde tudo termina no tempo incerto
do que deixa de ser de repente.

116.

Só teria esse direito de falar em mim em relação às coisas
se de mim pudesse espelhar-me
ou se fosse um poeta, que não sou mais.

Mas me falo no poema colhendo em torno de mim
o que ainda resta
das marinhas dessa poesia que me cerca,
se poeta fosse poderia dar-lhe melhor tratamento,
por temer em mim a possibilidade
do retrato de um poeta desaparecido
no universo submerso,
como se assim fosse mais cruel sentir-me em mim
para poder dizer-me como digo,
sobre o que desaparece,
o dia que nasce claro
nessa noite que anoitece,
nesse tempo que se desvenda,
nessa luz que escurece,
nesse navegar o poema,
como se não devesse.

117.

Tais marinhas que procuro
como a uma pérola numa ostra,
a beleza que, no escuro,
se ainda existe, não se mostra.

118.

Não tenho esse direito de falar
sobre o que está em volta de mim,
por não ser poeta e negar-me a ser,
por não pertencer à vida
que me insiste viver,
quando o mais fácil na narrativa
seria simplesmente morrer.

Mas a rima é pobre no poema inútil,
como a salvar-se do mar numa tormenta,
a dor que se pensa diminuir
e que, ao contrário, só aumenta,
o pássaro que voa em sua busca
para ausentar-se depois na ausência:
assim é o poeta
que só vive por pedir clemência.

119.

Que parte de mim, rainha, vos deixei
sem que soubésseis do que tenho por sina?
Vosso pranto que me chama à morte,
que a vida a mim não se destina?
Vosso xale que cobre a cabeça
e que a mim só a morrer ensina?
A vós que quero do amor que não há
nesta dor atroz que se culmina ?
Vosso templo que guardais nos seios,
a ambição que vem de vós e que em mim termina?
Deste amor que no desespero em vossa face
bate nos meus receios e me fulmina?

120.

Esgota-me o tema: a poesia se exaure.
Já que não sou poeta, pouco isso me importa.
ponho os pés no mar de Portugal
para sentir-me vivo como as outras pessoas.

Para sentir-me vivo como as outras pessoas,
ponho meus pés no mar de Portugal.
Já que não sou poeta, pouco isso me importa.
Esgota-me o tema: a poesia se exaure.

A poesia se exaure: esgota-me o tema.
Ponho os pés no mar de Portugal
para sentir-me vivo como as outras pessoas.
Já que não sou poeta, pouco isso me importa.

Já que não sou poeta, pouco isso me importa:
esgota-me o tema, a poesia se exaure.
Para sentir-me vivo com as outras pessoas,
ponho os pés no mar de Portugal.

Ponho os pés no mar de Portugal.
Já que não sou poeta, pouco isso me importa.
Esgota-me o tema, a poesia se exaure
para sentir-me vivo como as outras pessoas.

121.

Falta-me a alma: queria ser apenas um poeta lírico,
que usasse às vezes em seus versos a exclamação
ah!
e que a seguir escrevesse o poema
como uma carta ou uma quase elegia
das marinhas de Portugal
dissesse
ah! mar português que me engole em segredo,
guardo de ti a memória do que não és,
mas deixa-me bater nas pedras
para que me possa sentir.

No entanto, falta-me a alma,
essa que se perdeu nos percursos,
quando era preciso multiplicar a palavra
no poema que se diz,
a que sempre faltou
na poesia que não quis.

122.

Enfim, o passo que me leva ao nada,
onde por certo encontrarei meu retrato,
a face de mim oculta,
a face que de mim oculto,
a face
que de mim escapou na imagem da sombra,
uns olhos que se apagam
e o lábio da carne que me cobiça,
o tempo
além de sua própria existência.

Assim caminho ao encontro dos dias,
como se ainda houvesse em mim a poesia que perdi,
que saltava de meus dedos incertos
e se deixava multiplicar nas calçadas e nos rios.

123.

Cala-me a ave derradeira que me pousa com asas aflitas,
bica-me a boca em minha saliva:
o sal
o sal
o sal
o sal que sai só do sol, do sólido, da sorte,
do susto
de estar.

Senhora dos mares que desconheço,
sei que és santa em milagres da terra,
pois assim,
Senhora dos Oceanos,
vem a mim com as conchas no avental,
com pés de avencas,
a coroa das rainhas de todos os reinos,
para que me possa renascer,
como se assim me fosse voar para sempre.

124.

Escorre em mim este mar,
águas de gaivotas
que me percorrem por dentro
com o sal de meu tempo,
a gente destas aldeias,
o som das ruas,
as velas antigas,
este mar que em mim se fez,
o poema que me lamenta,
esse mar em sua tez,
esse mar nessa tormenta,
esse mar de águas secas

que a secar só se aumenta,
esse mar que me divide
no pecado que me isenta,
que se guarda em minha casa
e na morte que me acalenta,
que me tira o pão à mesa
e da poesia me alimenta,
esse mar de Portugal
que me escolhe como servo
e dos sonhos me inocenta,
que me mostra em suas sombras,
mas não é o que aparenta,
esse mar que se debruça
nesse porto que ostenta,
dos navios que partem sempre
nos destinos que inventa,
esse mar que se apaga
nesse verso que se tenta,
o poema que se perde,
mas por dentro se acrescenta,
nesse mar que em pressa foge
a poesia é sempre lenta,
esse mar que me preenche
quando a alma se ausenta,
este mar que me habita,
como um deus desconhecido,
que me percorre em silêncio
a amargura que me detém,
que ao destino me amarra,
o fado que me entristece,
a viagem que me faço
por dentro de Portugal,
a busca desse poema
que me faz tanto mal,
essa dor em que me busco
na poesia verdadeira
que em mim não se contém,
e que ao fazer-me esse mal,
só consegue fazer bem,
esse mar que me devora,

que caminha em minha sina,
esse mar de Portugal
que me cala e me alucina,
esse mar a levar-me distante,
que vive dentro de mim
com as palavras esquecidas
no meio de meu fim,
esse tempo, essa fúria, esse dia,
essa sombra que me para,
por tal sorte, tal poesia,
que de mim não se separa,
e que por mim ser destinado,
nesse canto de uma mulher,
o meu canto que está calado,
na canção que não se quer,
esse mar que me esquece
ao levar-me para sempre,
neste sonho que se tece,
no mergulho que me dou,
porque ainda me busco
nas ondas que se perderam,
o tempo que se esquece
nas águas que já morreram,
a vida que se enaltece
nos destinos que não há,
a alma que se enternece
sem estar onde está,
a nau que me aguarda
nesta dor do esquecimento,
o que tenho por minha prece
no poema que lamento,
este mar de Portugal,
que me habita e me espera
e que em mim me faz morrer,
que me chama nas aldeias
me fazendo mais viver.

Posfácio

TRAVESSIAS
Miguel Sanches Neto

Os poemas que Álvaro Alves de Faria colige sob o título geral de *Alma gentil – raízes* se iniciam com um verso que, pela posição de portal, adquire um valor extremamente simbólico nesta sua poesia de retorno a Portugal: *Atravesso a ponte de Santa Clara* – escreve o poeta. De fato, estes seus livros vão operar uma travessia, vencendo as distâncias que separam o Brasil de Portugal, distâncias físicas e culturais. O poeta paulista, uma de nossas vozes mais destacadas, deixa sua cidade natal, a modernista São Paulo, e faz o caminho de volta a uma latitude ancestral – as terras e os verbos lusitanos, aos quais se liga não apenas pelo sangue (seus pais vieram de lá) mas também pela sensibilidade.

O poeta, na madureza, sente a poesia ressecar em torno de si, devido ao papel irrelevante da palavra poética na cultura brasileira e à estratégia publicitária de afirmação dos não poetas entre nós. Quando nada mais pode entusiasmá-lo no seu país, depois de décadas de uma produção conjugada na cidade dos homens, Álvaro Alves de Faria começa a fazer uma longa viagem de volta. Ele vai afirmar, na homenagem lírica à poeta Sophia de Mello Breyner Andersen *(O livro de Sophia, 2008)*, o sentido maior deste deslocamento:

> Estou na tua terra, Sophia, em busca desse poema que me falta,
> No teu país em que me percorro em minha intimidade
> Como se assim pudesse ainda salvar minha alma de poeta que fui.

Esta travessia tem, portanto, um sentido salvífico. Ao fazê-la, Álvaro Alves de Faria, que vem declarando-se um ex-poeta por não pactuar com o que se entende por poesia no Brasil contemporâneo, tenta retomar uma identidade perdida. Para que o poeta que ele foi possa ainda existir é preciso um ambiente cultural que o reconheça neste papel. Assim, este voltar-se para Portugal é antes de mais nada uma imposição interior. O ex-poeta quer encontrar uma tradição poética na qual ele caiba para que possa novamente ousar ver-se como bardo. Portugal é assim a pátria de um verbo lírico inexistente entre nós; e a travessia, um movimento vital.

Esta viagem é antes de mais nada uma oportunidade de o poeta continuar unido a seu pai, fazendo da ausência no agora a presença em um passado comum que só é conquistado com este deslocamento no espaço e no tempo, afirmação do poder de permanência pela palavra nestas coordenadas poéticas. Ao andar pelas ruas de Coimbra, o poeta vence lapsos temporais, conquistando um convívio impossível em outra circunstância – em *20 poemas quase líricos e algumas canções para Coimbra*, 1999:

> Atravesso alta noite
> A caminhar ao lado de meu pai
> Que morreu há tanto tempo.

Os passos do filho, assim, ecoam os do pai, numa união que dá ao mais jovem outra nacionalidade. Álvaro viaja para reconhecer lugares carregados de memória, fazendo-se descender desta pátria que, sendo outra, é mais sua do que o Brasil, por conta de seu valor de espaço familiar: *habito Coimbra/ como se mergulhasse na minha reminiscência* – cantará no oitavo poema do livro acima citado. É nesta cidade-nação que o poeta acha a sua alma, explicitando o título feliz desta coletânea *(Alma gentil – raízes)*, diálogo com Camões e tradução fiel deste encontro com a alma que não respeita distâncias físicas. Por meio de suas viagens, o poeta herda a alma lusitana, fazendo dela uma autodescoberta, pois Portugal e ele são um só país: *Caminho por estas ruas de Coimbra/ como se dentro de mim caminhasse.*

Em todos os sete livros que compõem este volume, há sempre uma obsessão pelos sapatos, que são antigos, infinitos, quietos, sem rumo, estão sujos de distâncias ou de ausências. Os sapatos concedem as chaves analíticas destes poemas. O poeta se move, faz a viagem de filho pródigo, retorna a casa. A poesia é, para ele, movimento, força ao mesmo tempo centrífuga (deixa o Brasil) e centrípeta (volta a Portugal). Esta metáfora dos sapatos aponta para o espaço-tempo vencido, mas dá também suas coordenadas estilísticas.

Seus poemas são jornadas por lugares, pessoas, poetas e mitos literários. A sua é uma poesia para ser lida em voz alta, para ser percorrida como se anda por uma cidade, com olhos de ver, entregues aos acontecimentos da rua, à paisagem. Raramente assume uma forma parada, é sempre movimento, entrega peripatética ao outro, diário de bordo da viagem que nunca termina. Lemos os poemas como se andássemos por uma cidade mais da memória do que da geografia, por isso estes textos exigem uma cadência de passos livres, de falta de rumo, de aceitação do acaso. Andar a cidade dos antepassados e dos poetas é perder-se na poesia imemorial.

Este verbo andante lhe devolve como paisagem e como recordação mais do que um país, toda uma tradição, na qual Álvaro Alves de Faria se insere, misturando sua voz à voz dos grandes poetas portugueses. Ele não lê Camões e os demais poetas líricos, ele se torna parte deles – e eis aí mais uma possível explicação para o título deste volume. Em um dos poemas de *A memória do pai* (2006), ele vai dizer: *Os poetas portugueses falam em mim*; a recíproca sendo também verdadeira.

Já em *Poemas portugueses* (2002), Álvaro Faria retoma a ideia da sobreposição tempo e espaço – começando o livro com uma declaração forte: *São antigas as ruas da memória*. Portugal, uma vez mais, é um espaço da travessia rumo a um passado pessoal ou, como o poeta dirá, à *geografia da minha intimidade*. Em *Alma*, ele revela a sua identidade mais profunda: *Minha alma se deixou em Portugal/onde viveu meu pai*. Ele não segue à outra pátria em busca do diferente, mas daquilo que lhe pertence e que lhe falta.

Dentro deste projeto, *Sete anos de pastor* (2005) coloca o poeta num lugar sagrado, continuação da identidade de filho pródigo, que volta à casa paterna não para mandar mas para servir. Ele é o servo pela palavra, que se torna um guardião dos mitos poéticos, da linguagem lírica, da língua, das paisagens vistas. Embora ainda tenhamos a força metafórica dos sapatos, prepondera a imagem do músico. O poeta se faz flautista e canta a pátria que o recebeu de volta. Os poemas aqui, ao contrário das peças dos outros livros, ganham um sentido mais individual, uma independência do conjunto. Talvez sejam, por isso, o centro desta *Alma gentil*.

Os poemas *Servo* e *6 atos* reforçam a identidade do poeta como súdito, que serve o verso de um reino meio místico, onde ainda é possível o sacro ofício da poesia. Se Álvaro foi em busca da poesia que lhe faltava, ele a encontra em muito destes poemas, belos e concisos. Já não é mais um andar pela cidade, mas uma música conquistada, pois Portugal aqui não é exterioridades, mas algo que reside *na pele de minha roupa/ costurada debaixo de mim*. O ritmo que tinha a solidez das pedras e das ruas ganha agora o fluir das águas e da música.

Nesta trajetória circular, o vínculo com o pai o leva a Portugal e Portugal devolve o pai ao poeta, dando-se pela palavra a superação da orfandade. Pai e país se fundem. E chegamos ao mais comovido poema do conjunto – *A memória do pai*. Um pai que não retorna para acompanhar o filho, pois pai e filho se encontram numa condição póstuma, já pertencem ao sem-tempo.

> Meu pai
> nunca soube
> que eu morri.

E é neste sentido que Álvaro Alves de Faria se sente um ex-poeta, como alguém morto para a literatura brasileira, que enfim encontra o seu lugar na portuguesa. Ele afirmará, polemicamente, que hoje é um poeta português. Esta sua morte portanto é uma oportunidade de ressurreição, de reencontro com o pai-pátria. Ao se ausentar, ele conquista o convívio com o ausente. Assim, morte é sinônimo de vida; ausência, de presença; exílio, de retorno. O filho saiu de si e se deparou com o pai. Saiu de seu país e encontrou a sua pátria, vivida na distância e na alma, sua identidade mais recôndita:

> Não mais navegaria em mim
> Com esta caravela que se vai
> Este poema que morre
> No oceano antigo de meu pai.

Esta antiguidade póstuma vai ser a base do livro *Inês*, no qual o poeta se faz partícipe do drama de Inês de Castro, totalmente integrado à história de amor mais central da cultura lusitana. E o poeta se faz um personagem vivo, que se oferece em sacrifício num ato de adesão extrema: *Quando, aos vos matarem,/ também a mim mataram, Inês*. Ao participar da morte, sofrendo-a da mesma forma que a amada-modelo, Álvaro Alves de Faria se une definitivamente a esta alma lusitana. Não mais recordação, e sim participação plena na história.

E ele morre também com a morte da poeta Sophia de Mello Breyner Andersen, no longo poema elegíaco – *O livro de Sophia*, 2008. Caminha em Lisboa novamente, com seus sapatos agora aflitos, sentindo-se ao lado da poeta morta, vivendo a sua presença como a de uma irmã, numa união de ausências.

Esta reunião se fecha com o longo poema *Este gosto de sal – mar português* (2010), em que o poeta amplia o diálogo lusitano, valendo-se da metáfora central daquele país de navegadores que dilataram as distâncias. O mar é a pátria maior, o ponto de encontro entre Portugal e o mundo. Assim, o poeta que se sente morto, estrangeiro em seu próprio país, se faz ao mar, este espaço mítico e poético que o reconhece como parte de um todo.

Há no livro um mecanismo metafórico funcionando para renaturalizar a poesia entre contemporâneos, que a tomam como uma linguagem esquecida. Neste processo, o mar português entra como território de humanização. Se a poesia hoje já não sente, não faz comover, pois houve um desvirtuamento de suas funções essenciais, Álvaro Alves de Faria localiza nestas coordenadas oceânicas a fonte de um lirismo perdido. O poema, como um todo, é uma sagração à poesia de origem portuguesa, cultuada como epifania líquida.

O mar aqui não é a possessão de uma cultura ou de um país, mas um ponto de encontro, uma possibilidade de integração. As duas pátrias do poeta se encontram nele, e é em uma entrega suicida às suas ondas, às suas águas profundas, que se busca a permanência. Símbolo da morte e da vida, do passado e do eterno, o mar tem uma função simbólica muito forte nesta poesia que luta contra os isolamentos, as descontinuidades, o embrutecimento.

Para representar vivamente isso, o livro incorpora um ritmo marítimo. Ele é construído a partir de pequenos fragmentos que retomam insistentemente as mesmas questões, expandindo-as em várias direções. O ritmo é o das ondas batendo nos rochedos, o da persistência do movimento intenso do mar contra o continente. Este ritmo cria um fluxo-refluxo poético, que vai tomando-nos até nos jogar em pleno oceano. A última parte (fragmento 124) é muito mais extensa do que as demais e está fundada no elemento conectivo *que*, criando assim uma sensação de viagem, de permanência – sentido final deste mar, deste verbo marítimo.

São estes os móveis da poesia de inspiração lusitana de Álvaro Alves de Faria. Por meio deles, o poeta forja uma ponte com outra tradição, reconquistando sua alma perdida e nos devolvendo a uma ancestralidade que é histórica, biográfica mas antes de tudo estética.

Sobre o Autor

Álvaro Alves de Faria nasceu na cidade de São Paulo em 9 de fevereiro de 1942. Filho de pais portugueses, é jornalista, poeta e escritor. Tem formação em Sociologia e Política, Língua e Literatura Portuguesa, como também Mestrado em Comunicação Social. Autor de mais de 50 livros, participa de mais de 70 antologias de contos e poesia publicadas no Brasil e no exterior. Recebeu os mais importantes prêmios literários do país. Destaque-se o Prêmio Governador do Estado de São Paulo, Prefeitura Municipal de São Paulo para Poesia e o Pen Clube Internacional de São Paulo, em 1973, para o livro *4 cantos de pavor e alguns poemas desesperados.*

Por duas vezes recebeu o Prêmio Jabuti de Imprensa, da Câmara Brasileira do Livro, em 1976 e 1983, por sua atuação em favor do Livro no jornalismo cultural. Por esse mesmo motivo, também foi distinguido por três vezes com o Prêmio Especial da Associação Paulista de Críticos de Arte, em 1981, 1988 e 1989.

Esse trabalho em favor do livro vem sendo desenvolvido desde que começou no jornalismo, quando tinha menos de 20 anos, escrevendo para jornais e revistas, além de comentar livros no rádio e na televisão.

Outro prêmio importante na vida do poeta foi o Anchieta para Teatro, da Secretaria de Cultura do Estado de São Paulo, um dos mais importantes nos anos 70, com a peça *Salve-se quem puder que o jardim está pegando fogo,* proibida de ser encenada por um período de seis anos na ditadura militar.

Seu livro *Trajetória poética – poesia reunida* recebeu o prêmio da Associação Paulista de Críticos de Arte, em 2003, como o melhor livro de poesia do ano e foi, também, finalista do Prêmio Jabuti da Câmara Brasileira do Livro. *Babel – 50 poemas inspirados na escultura* Torre de Babel *de Valdir Rocha,* recebeu o prêmio como melhor livro de poesia de 2007 da Academia Paulista de Letras.

Nos últimos anos, tem publicado livros especialmente em Portugal. Tem poemas traduzidos para o inglês, francês, italiano, espanhol, alemão, servo-croata e japonês.

Seu livro *O sermão do viaduto* iniciou o movimento de recitais públicos de poesia na cidade de São Paulo, quando foi lançado em pleno Viaduto do Chá, em abril 1965. Nesse local, fez nove recitais de poesia, com microfone e quatro alto-falantes, lendo os poemas desse livro. Por esse motivo foi preso cinco vezes pelo DOPS (Departamento de Ordem Política e Social), sendo acusado de subversivo. Os recitais de *O sermão do viaduto* foram proibidos em agosto de 1966.

Da Geração 60 de poetas de São Paulo, partiu para outros gêneros literários, tendo publicado ao longo dos anos livros de poemas, crônicas, contos, novelas, romances, ensaios literários, livros de entrevistas e também escrito peças de teatro.

Dois de seus livros foram transformados em filmes: *O tribunal* no longa-metragem *Onde os poetas morrem primeiro*, com direção dos irmãos curitibanos Werner e Willy Schumann, em 2002; *e Borges, o mesmo e o outro* – longa entrevista feita com Jorge Luis Borges, em Buenos Aires, em 1976, guardada por 25 anos até sua publicação – no média-metragem *Borges, o homem dos olhos mortos*, com direção do também curitibano Nivaldo Lopes, em 2005.

LIVROS DE POESIA NO BRASIL:

- *Noturno maior*, Portugal Ilustrado, São Paulo, 1963
- *Tempo final*, gráfica da Fiesp, São Paulo, 1964
- *O sermão do viaduto*, Brasil, São Paulo, 1965
- *4 cantos de pavor e alguns poemas desesperados*, Alfa Ômega, São Paulo, 1973
- *Em legítima defesa*, Símbolo, São Paulo, 1978
- *Motivos alheios*, Massao Ohno, São Paulo, 1983
- *Mulheres do shopping*, Global, São Paulo, 1988
- *Lindas mulheres mortas*, Traço, São Paulo, 1990
- *O azul irremediável*, Maltese, São Paulo, 1992
- *Pequena antologia poética*, Ócios do Ofício, Curitiba, 1996
- *Gesto nulo*, Ócios do Ofício, Curitiba, 1998
- *Terminal*, Ócios do Ofício, Curitiba, 1999, e RG Editores, São Paulo, 2000
- *Vagas lembranças*, Quaisquer, São Paulo, 2001
- *A palavra áspera*, Íbis Libris, Rio de Janeiro, 2002
- *A noite, os cavalos*, Escrituras, São Paulo, 2003
- *Trajetória poética – poesia reunida*, Escrituras, São Paulo, 2003
- *Bocas vermelhas – poemas para um recital*, RG Editores, São Paulo, 2006
- *Babel – 50 poemas inspirados na escultura Torre de Babel de Valdir Rocha*, Escrituras, São Paulo, 2007

LIVROS EM PORTUGAL:

- *20 poemas quase líricos e algumas canções para Coimbra*, A Mar Arte, Coimbra, 1999

- *Poemas portugueses,* Alma Azul, Coimbra, 2002
- *Sete anos de pastor,* Palimage, Coimbra, 2005
- *A memória do pai,* Palimage, Coimbra, 2006
- *Inês,* Palimage, Coimbra, 2007
- *Livro de Sophia,* Palimage, Coimbra, 2008
- *Este gosto de sal – mar português,* Temas Originais, Coimbra, 2010
- *Cartas de abril para Júlia,* Temas Originais, Coimbra, 2010

ANTOLOGIA POÉTICA NA ESPANHA:

- *Habitación de olvidos,* Fundación Salamanca Ciudad de Cultura, seleção e tradução do poeta peruano-espanhol Alfredo Perez Alencart, da Universidade de Salamanca, 2007.

LIVROS SOBRE O AUTOR:

- *Melhores poemas de Álvaro Alves de Faria,* de Carlos Felipe Moisés, Global, São Paulo, 2008
- *O sermão do viaduto de Álvaro Alves de Faria,* de Aline Bernar, Escrituras, São Paulo, 2009, trabalho de doutorando em Letras na Universidade de Coimbra, Portugal

ALGUNS EVENTOS:

Como poeta brasileiro participou do Terceiro Encontro Internacional de Poetas promovido pelo Centro de Estudos Anglo-Americanos da Faculdade de Letras da Universidade de Coimbra, em 1998.

Participou, também, do Congresso Portugal-Brasil 2000 – Literatura Portuguesa e Brasileira, na Universidade do Porto, em 2000, nas comemorações dos 500 Anos do Descobrimento.

Realizou leituras de poemas em 1999, 2002, 2005 e 2006 no foyer Teatro Acadêmico Gil Vicente, da Universidade de Coimbra, e em 2007 na Quinta das Lágrimas, também em Coimbra, Portugal.

Realizou leitura de poemas, em 2000, na escadaria do Jardim do Paço de Castelo Branco e também no Auditório do Museu Francisco Tavares Proença Júnior, do Instituto Português de Museus.

Homenageado como Personalidade Cultural do Ano, em 2004, pelo Elos Internacional – Movimento humanista junto às comunidades portuguesas em todo mundo e em países em falam a Língua Portuguesa – em sessão solene na Assembleia Legislativa do Estado de São Paulo.

Poeta convidado para as comemorações dos 800 anos da Vila Idanha-a-Nova, na Beira-Baixa, Portugal, em 2006, onde participou de leitura de poemas ao lado de Vasco Graça Moura, Nuno Júdice, Fernando Aguiar e Ana Luísa Amaral.

Foi o poeta homenageado no X Encontro de Poetas Ibero-Americanos, em 2007, dedicado ao Brasil, em Salamanca, na Espanha. Teve publicada, no evento, uma antologia de poemas, *Habitación de Olvidos* (Fundación Salamanca Ciudad de Cultura), com seleção e tradução do poeta espanhol Alfredo Perez Alencart, da Faculdade de Direito da Universidade de Salamanca.

Foi destaque da Escola de Samba X-9 Paulistana no Carnaval de 2010, que apresentou no Sambódromo do Anhembi, em São Paulo, enredo enaltecendo a Língua Portuguesa, participando do carro alegórico *Minha Pátria é a Língua Portuguesa...*

Recebeu homenagem do Conselho da Comunidade Luso-Brasileira do Estado de São Paulo, em 2010, em cerimônia realizada na Assembleia Legislativa do Estado de São Paulo, dentro das comemorações do Dia de Portugal, de Camões e das Comunidades Brasileiras, celebrado a 10 de junho, por sua contribuição à cultura luso-brasileira, sendo o orador da noite nessa solenidade.

Impresso em São Paulo, SP, em agosto de 2010,
em papel chamois bulk dunas 90 g/m² nas oficinas da Gráfica Edições Loyola.
Composto em Minion, corpo 10 pt.

Não encontrando esta obra nas livrarias,
solicite-a diretamente à editora.

Escrituras Editora e Distribuidora de Livros Ltda.
Rua Maestro Callia, 123
Vila Mariana – São Paulo, SP – 04012-100
Tel.: (11) 5904-4499 – Fax: (11) 5904-4495
escrituras@escrituras.com.br
vendas@escrituras.com.br
imprensa@escrituras.com.br
www.escrituras.com.br